大学生职业发展与就业指导

DAXUESHENG
ZHIYE FAZHAN
YU JIUYE ZHIDAO

刘德强 魏 冲 焦重华 主 编

山东人民出版社·济南
国家一级出版社 全国百佳图书出版单位

图书在版编目（CIP）数据

大学生职业发展与就业指导／刘德强，魏冲，焦重华主编．—济南：山东人民出版社，2021.12（2023.1重印）
ISBN 978-7-209-13585-6

Ⅰ.①大…　Ⅱ.①刘…　②魏…　③焦…　Ⅲ.①大学生—职业选择　Ⅳ.①G647.38

中国版本图书馆CIP数据核字（2021）第243368号

大学生职业发展与就业指导
DAXUESHENG ZHIYE FAZHAN YU JIUYE ZHIDAO
刘德强　魏冲　焦重华　主编

主管单位　山东出版传媒股份有限公司
出版发行　山东人民出版社
出 版 人　胡长青
社　　址　济南市市中区舜耕路517号
邮　　编　250002
电　　话　总编室（0531）82098914
　　　　　市场部（0531）82098027
网　　址　http：//www.sd-book.com.cn
印　　装　山东华立印务有限公司
经　　销　新华书店

规　　格　16开（170mm×240mm）
印　　张　14.75
字　　数　260千字
版　　次　2021年12月第1版
印　　次　2023年1月第2次
ISBN 978-7-209-13585-6
定　　价　38.00元

编 委 会

主　审　鞠桂芹

主　编　刘德强　魏　冲　焦重华

副主编　王　泉　胡文丽　杨　柳

参　编　王学强　田　媛　任怀青　孙　媛　李　林

杨珍珍　张　波　张志超　范月华　徐莉莉

高　照　桑秀杰　黄言青　谭　鑫　谭志红

鞠　峰　戴程程

目录

CONTENTS

项目一 大学生活与职业生涯规划

任务一 走进大学：人生的黄金时期

学习目标

1. 通过了解大学是什么，理解为何“大学是人生的黄金时期”。
2. 思考并明晰自己的大学生活应该怎样度过。

案例导入

在东京奥运会拿下首金后，射击运动员杨倩获得极大关注。清华大学2018级本科生的杨倩并不像其他运动员那样，从体校进入省队，然后进入国家队，她是从大学进入的国家队。

2016年，由于射击水平突出，加上学习成绩也很优秀，杨倩直接被清华大学附中射击特长班录取。此后，杨倩参加高考，顺利考入清华大学，就读于经济管理学院，成为一名大学生。2019年，杨倩以清华大学的学生身份被招进国家队。可以说，杨倩是一位货真价实的大学生运动员。入选国家队之后，杨倩清楚明白地知道自己要兼顾学业和训练，因此她没有耽误任何一项。

杨倩的启蒙教练宁波体校射击队教练虞利华记得，第一次见到杨倩时的印象：一个眼睛非常有神的小女孩。说到当初杨倩在选择读大学还是进入专业队时，虞利华认为杨倩去读大学是对的，大学可以让她在学习到更多的文化知识之后，获得更加全面的成长。“因为她跟一般的运动员不一样，学生运动员每天都要进行正常的文化课学习，系统的文化学习对她帮助还是非常大的。”杨倩也曾有过懈怠，那时她刚刚就读清华大学不久，虞利华告诉她，无论什么时候，学习都是第一位的。

杨倩在专业训练之外，没有放松文化课学习，在大学这个人生的黄金时期，真正做到了以梦为马，不负韶华。

一、大学是什么

大学阶段是人生的黄金时期。就读大学时，同学们的身心都处于最佳状态。这个阶段可以尽情释放自己的个性，用充足的时间进行专业与兴趣学习。大学不似高中阶段，你将享有充分的自由，你的未来也有无尽的可能。大学是人生的新起点，未来还没到来，未来如何切切实实地取决于现在。因此，职业生涯规划应在入学的第一天便记挂在心，并一步步向着目标前行。

大学是梦开始的地方。这里有专业的老师、形形色色的同学、多样的社团。在这里，图书馆里的某一本书，学术报告厅里的某一场讲座，课堂上老师的一句话，都会对你产生意想不到的影响，你的命运或许就因此改变。所以在大学期间你不要放弃任何一次学习、交流的机会，模糊的未来或许会因为一个想法变得清晰，沉睡在心底的梦想或许会在某个瞬间被唤醒。

大学是培养“独立之人格，自由之思想”的地方。学生在大学里不仅要学习知识，还要从书籍中、课堂上学习看待事物的态度，有意识地培养自己独立思考的能力，并在此阶段逐渐催熟自己的世界观、价值观、人生观。

大学是不断试错的地方。考试挂科可以重修，社团工作出错还可以补救。因此，大学是步入社会前的彩排。但你应当学会对自己的行为负责，在一次次纠错中一点点儿成长起来。大学正是一个不断让你从错误中学习，而且不用因此支付高额“学费”的地方。

大学是学会独立的重要阶段。对大多数刚刚踏入高校大门的高中毕业生而言，独立并不是随着身份的改变而自然学会的一种能力，恰恰是在一段时间内大家才慢慢学会独立的。这里所说的独立并不只是指生活上的独立，也指精神上的独立。大学阶段，你脱离了家庭的庇护，卸下了繁重的学习重担，应该慢慢去习惯独立生活，独立思考，以及在课余时间独立学习，从他律转为自律。

二、大学怎么过

高中虽然是一场马拉松，跑的过程你会很累很累，但是会有人给你规划好跑道，会为你倾心准备精良的“装备”，会任劳任怨地为你进行战术分析，也会在你坚持不下去时为你加油呐喊。

大学则不一样，它更像是一个格斗场，能达到怎样的等级全凭各自的本事。大学时代是你以认为不可能的方式挑战自己的机会，是获取知识和构建对事物理解的时候。因此，你万万不可懈怠，认为“上了大学就轻松了”，而要在新的环境下继续“实现自我”。

学习是第一要务。如果说大学是一个学习与进步的平台，那么这个平台的地基就是大学的基础课程。在大学里，你一定要掌握扎实的基础知识。一方面，在科技发展日新月异的今天，应用领域里很多看似高深的技术在几年后就会被新的技术或工具取代，相反基础知识的学习却可以受用终身。另一方面，如果没有打下好的基础，也很难真正理解高深的应用技术。大学就是往脚下垫砖头的地方。珍惜这个机会，好好学习，为自己储备足够的知识，将来才有可能脱颖而出。

主动参与社会实践。宋代诗人陆游有诗云：“古人学问无遗力，少壮工夫老始成。纸上得来终觉浅，绝知此事要躬行。”在大学里，同学们应该把所学学科的理论知识与具体的实践、应用结合起来，做到融会贯通，这样能更深入地理解基础学科理论，构建系统的知识体系，从而牢牢掌握学过的知识。大学里可以多选择与实践相关的专业课，最好是几个同学同行，这样既可以通过实践理解专业知识，也可以在实践中学会与他人合作，培养团队精神。若是有机会跟着老师做些实际的项目，或在不影响学习的前提下走出校门实习，有利于提升自己的实践能力，也可以为将来走上工作岗位打下良好的基础。

寻找你的兴趣。孔子说：“知之者不如好之者，好之者不如乐之者。”如果你对某个领域充满激情，你就更有可能在该领域中发挥自己的潜能，甚至为它废寝忘食。当然，有一些大学生并不知道如何找到自己的兴趣。其实方法很简单。客观地评估和寻找自己的兴趣所在，不要把社会、家人和朋友认可和看重的事当作自己的爱好；不要认为有趣的事就是自己的兴趣，而要在亲身体验后再用自己的头脑做出判断；不要认为有兴趣的事情就可以成为自己的职业，例如喜欢玩网络游戏并不代表你会喜欢或是有能力开发网络游戏；也不要认为有兴趣就意味着自己有这方面的天赋。最好的寻找兴趣的方法是开阔自己的视野，接触更多的领域。唯有接触你才能尝试，唯有尝试你才能找到自己的最爱，而大学正是这样一个让你接触并尝试众多领域的独一无二的场所。

大学是人生中最美好的黄金时光，看似漫长，实则短暂，并且在很大程度上会影响一个人的一生，决定着你今后能否成功或成才。因此，尽快适应大学生活，不浪费大学的美好时光，对于一个人一生的发展至关重要。只有清楚地认识大学生活，明白大学的重要性，作为新生的你才能尽快地跨越迷惘的沼泽，以一种积极向上的心态迅速投入到大学生活中，在大学这片丰腴的土壤里不断汲取营养，丰富自己，发展自己。

探索与思考

临近毕业，看着周围的同学纷纷找到了满意的工作，数控技术专业的王同学却还忙着参加毕业补考，为争取学位证书而苦恼。并不理想的大学结局，让他陷入了无尽的悔恨和自责中。王同学想起大学期间自己的所作所为，想起父母失望的神情，夜不能寐。在毕业聚餐时，他对辅导员说：“最近我经常在想，如果时光能够倒流，如果可以重新认识大学，重过大学生活，也许今天会变得不一样。至少我不会虚度时光，徒有悔恨。遗憾的是，时光不会倒流，我永远回不去了！”

1. 对标王同学的处境，你是否也有过类似的困惑？

2. 为了不再有类似王同学的遗憾，你应该如何度过大学生活？

延伸阅读

大学是人生的关键阶段

大学是人一生中最为关键的阶段。从入学的第一天起，你就应当对大学有一个正确的认识和规划。为了在学习中享受到最大的快乐，为了在毕业时找到自己最喜爱的工作，每一个刚进入大学校园的人应当掌握七项学习：学习自修之道、基础知识、实践贯通、培养兴趣、积极主动、掌控时间、为人处事。只要做好了这七点，大学生临到毕业时的最大收获就绝不会是“对什么都没有的忍耐和适应”，而应当是“对什么都可以有的自信和渴望”。只要做好了这七点，你就能成为一个有潜力、有思想、有价值、有前途的快乐的毕业生。

大学是人生的关键阶段。这是因为，进入大学是你一生中第一次放下高考的重担，开始追逐自己的理想、兴趣。这是你第一次离开家庭生活，独立参与团体和社会生活。这是你第一次不再单纯地学习或背诵书本上的理论知识，而是有机会在学习理论的同时亲身实践。这是你第一次不再由父母安排生活和学习中的一切，而是有足够的自由处置生活和学习中遇到的各类问题，支配所有属于自己的时间。

大学是人生的关键阶段。这是因为，这是你一生中最后一次有机会系统性地接受教育。这是你最后一次能够全心建立你的知识基础。这可能是你最后一次可以将大段时间用于学习的人生阶段，也可能是最后一次可以拥有较高的可塑性、可以不断修正自我的成长历程。这也许是你最后一次能在相对宽容的，可以置身其中学习为人处世之道的理想环境。

大学是人生的关键阶段。在这个阶段里，所有大学生都应当认真把握每一个“第一次”，让它们成为未来人生道路的基石；在这个阶段里，所有大学生也要珍惜每一个“最后一次”，不要让自己在不远的将来追悔莫及。在大学里，大家应该努力编织自己的梦想，明确自己的方向，奠定自己的基础。

大学是一生中学习能力转变最大的时候，是把“基础学习”和“进入社会”这两个阶段衔接起来的重要时期。因此，在大学中，要努力培养自己的学习能力，提高自己的学习境界，让自己成为一个擅长终身学习的人。

节选自李开复《给中国大学生的第四封信》，有改动。

任务二　迈向职场：海阔天空凭鱼跃

学习目标

1. 初步了解职业生涯的概念。

2. 明确在大学期间为从学生角色顺利向职场角色转变，应该做好哪些职业准备。

案例导入

在曾经热播的职场真人秀《绝对挑战》节目中，对外经济贸易大学学生江晶晶以出色的表现从众多求职者中脱颖而出，被著名的吉百利市场服务公司录取为管理培训生。一年的时间，江晶晶便适应了紧张的职场生活，并被公司管理者视为优秀员工。江晶晶在回忆自己的成长道路时谈到两点：一是好的职业生涯开端让我受益匪浅，二是责任感是职业人士最基本的要求。

江晶晶顺利地完成了从学生角色到职场角色的转换。然而，不少同学千辛万苦争取来第一个正式的工作机会，却因没能顺利完成角色转换而失去了它。

一、职业生涯初识

很多大学生尤其是低年级学生可能会有这样的疑惑：“我现在才刚刚入

学，将来还要读研，找工作还早呢，用不着现在就考虑职业生涯规划啊！”事实确实如此吗？职业生涯仅仅是始于参加工作，终于年满退休吗？

我们不妨来看下究竟何为生涯？美国国家生涯发展协会（National Career Development Association）对生涯的定义是：个人通过从事工作所创造出的一种有目的的、延续不断的生活模式。

在这一定义中，“创造出”指生涯是人们在意愿与可能性之间、现实与理想之间妥协和平衡的产物。事实上，生涯发展是人们一系列接连不断选择的结果；当人们作出选择时，需要权衡这些选择的收益及其代价与风险。没有十全十美的生涯道路，但也许存在最适宜的道路。

“有目的的”指生涯对个人来说是有意义和有价值的。生涯不是偶然发生或应运而生的，而是慎重考虑、规划、制定和执行的结果；生涯因个人的动机、抱负和目标而形成、发展，反映了个人的价值观和信念。

“延续不断的”指生涯既非作为某个事件或选择的结果而发生，也非局限或束缚于某一特定的工作或职业。确切地说，生涯本质上是一个受到个人内在和外在力量影响的、持续一生的过程。

“生活模式”意味着生涯不仅是一个人的职业或工作，而且包含所有的成人生活角色，以及人们安排、整合这些角色的方式。

同时，该定义强调生涯对个人而言是独一无二的。现实生活中，任何两个人都不可能拥有完全相同的生涯，因为生涯是基于个人特定的经历；即使人们可能拥有相似的兴趣和技能，甚至在同一个机构中从事相同的职业，其生涯仍然不同。总之，生涯定义的焦点是“发展属于自己的生涯”。

理解了生涯的真正内涵，刚进入大学的同学们就不会再认为职业生涯规划与自己无关了吧！进行职业生涯规划不仅仅是为了找工作，更是为了帮助自己找寻最适合的生活方式。找工作只是职业生涯规划中的一环，是达成我们向往的生活方式的手段。

二、大学生职业生涯规划的特点

大学生正处在职业探索期，缺乏工作经历和职业经验，在制定职业生涯规划时，与其他人相比往往有很大不同。大学生职业生涯规划的特点是：

（一）个性化

大学生职业生涯规划是根据每个人的实际情况制定的，每个人的个性、价值观、思维方式和行为方式不同，对职业认识的程度不一样，择业标准不一样，反映在规划上，必然会有独特性。规划不仅要依据自己的愿望，更要从所处的条件考虑，具体地、自愿地制定。所以，每个大学生的职业生涯规划都彰显出不同的个性特点，呈现千姿百态的具体规划。

（二）开放性

虽然职业生涯规划是大学生自己设计的，但不是闭门造车。要在制定中充分考虑社会提供的条件，反复征求、参考家人和老师等的意见，有条件的还要利用社会的测评机构，对自己的职业能力进行多方面的了解。这样开放性地制定规划，才能客观、可行。

（三）可操作性

制定职业生涯规划不是一种形式，也不是为了完成某项作业，其目的是指导每个人的职业发展。发展阶段的确定、发展措施的思考、发展道路的选择，最终都要落实到执行上来，所以规划必须具有可操作性。

三、大学生职业生涯规划的原则

制定职业生涯规划是一件关系到一生幸福、事业成功的大事，必须十分慎重。要综合考虑多种因素，找出主要的制约条件，全面认识问题，权衡利弊，综合平衡各种因素。只有这样，才能制定出科学可行的职业生涯规划。制定职业生涯规划，主要遵循以下几个原则：

1. 择世所需。个人离不开社会，职业发展和社会需要紧密地联系在一起，只有充分考虑社会需要，才能正确认识职业的长远发展的问题；人的作用要在一定的社会条件下才能充分发挥出来，只有充分考虑社会的需要，才能抓住发展的机遇，实现发展。由于社会发展快速，职业变化万千，所以在制定职业生涯规划时，只有认真分析社会需要，把握社会人才需求动向，择世所需，才能成为社会急需人才。

2. 择己所利。人们制定职业生涯规划的目的，是在职业选择和发展中实现自己利益的最大化，满足人生的多种需求。所以在制定职业规划时，也要好好考虑“自己基本利益怎样才能得到保证，在什么样的职业中才能更加体现自己的价值”等问题，积极采取措施，尽可能保证自己的利益不受损失。

3. 择己所爱。从事一项你所喜欢的工作，工作本身就能给你一种满足感，你的职业生涯也会从此变得妙趣横生。诺贝尔奖获得者丁肇中教授说：“兴趣比天才更重要。”爱因斯坦曾经说过：“兴趣是最好的老师。”兴趣是事业成功的基础条件，也是推动事业发展的强大动力。

4. 择己所长。任何职业都要求从业者掌握一定的技能，具备一定的能力。特长是职业、事业成功的保证。而一个人一生中不可能将所有技能全部掌握，所以你必须在进行职业选择时，择己所长，发挥优势，这样才能更好地驾驭职业和事业，做个行家。

5. 远近结合。一个好的职业规划，既要有长远眼光，能够考虑到 5 年、10 年，甚至更久以后可能出现的个人、家庭及社会的发展变化，也要紧紧根据情况的变化，分解、制定可行的短期目标。生命的周期性规律如生老病死，家庭的发展阶段如婚恋、生育、离异、丧偶等，社会的老龄化及家庭规模的缩小等变化，都会影响个人的职业规划。

6. 明确具体。一个好的职业规划，应该是目标明确而具体的。例如，不能笼统地说“我希望我以后成为一个管理者”，相比较而言，“我希望毕业三年之后，我已经对服装设计的基本流程非常熟悉，能在一家规模中等的服装厂担任一条生产线的服装设计助理。我希望自己能在业余时间补充必要的知识，在毕业第五年就能独立担任一条生产线的服装设计”，才是一个明确具体的职业规划。目标的明确和具体主要体现在制定的目标应该有一些可以量化或评估的指标，比如时间限制、职位的提升和发展、薪水的提升、培训的计划等。

7. 现实可行。一个好的职业生涯规划，应该是一个考虑了现实环境和个人条件的限制，切实可行的规划。脱离实际或难以实现的规划都是不可取的。职业生涯规划需要考虑各种外界因素的影响，比如家庭、健康、经济条件、文化等。

8. 灵活机动。灵活的计划是职业生涯持续健康发展的前提。规划好的职业生涯应该能根据现实环境和个人需求的变换而进行灵活调整。

四、做好职业准备

大学阶段是人生重要的转折期。通过这个转换阶段，我们从一种“学生”的状态，转换为“职场人士（社会人）”的状态。对很多刚毕业的大学生来说，毕业后站在人生新的起跑线上，很多人会感到迷茫。进入职场后，面临专业过渡和个人生活过渡，需要经历一段长时间的适应。为了尽量减少毕业带来的现实冲击，我们应该尽早提前做好从学生向职场人身份转换的准备。大学阶段，大学生为职业做好准备需要个人心境逐渐成熟，相应的专业能力逐渐提高以适应未来的岗位需要。

（一）个人心境准备

大学这段美好的旅程终要结束，不论是在本科毕业后、硕士毕业后，还是在博士毕业后。这段旅程的终点是什么？下一段旅程又将如何？有些同学尚未意识到：大学生活的终点是社会，是职场；完成学业后，同学们要通过从事某种职业在社会上安身立命。进入大学，不仅意味着中学时代的结束，也意味着距离踏入社会更近了一步；大学是你们进入社会的最后一处缓冲区，同时也是你们走向成熟的地方。

离开校园进入职场，你会发现你的同事与你的同学有所不同。大学里，你与你的同学朝夕相处，关系亲密，虽然你们有时会有冲突，甚至冲突很激烈，但因为你们很少有直接的利益关系，你们之间有意见往往会直接提出来。进入职场，你与你的同事主要是工作时在一起，大家彼此很客气，很少有直接的冲突。然而，你们经常有直接的利益关系，他们对你有意见往往会委婉地提出来。校园环境与职场环境的不同还表现在老师和上级有所不同：你的老师通常会鼓励、会讨论，会明确规定任务的交付时间；他们是知识导向的，基本上会公平地对待大家。你的上级则通常对讨论不感兴趣，往往会分派紧急工作，要求的交付周期很短；他们是结果导向的，并不总是公平的，甚至有时会很独断。但两者没有对错、高低之分，毕竟老师与上级的社会角色不一样，与你的社会关系也是不同的，必然导致相处方式的不同。

无论如何，不管是从学校到社会，还是从一个单位换到另一个单位，都存在一个角色转换的过程。这个过程要求我们按照社会规定的角色去工作，同时把不同的角色区分开来，在不同的场所表现出符合角色要求的行为，尽快完成角色的合理转换。

（二）专业能力准备

很多刚入学的学生有这样的疑惑：在校期间的职业准备究竟应该以专业学习为主呢，还是以社会实践为主呢？其实，由于每个学生未来的目标不同，我们应该做出不同的准备。

一般情况来看，毕业后同学们主要走向三种职业发展路径：学术型发展路径、技术型发展路径和综合型发展路径。

选择走学术型发展路径的同学，更适合毕业后继续深造，读研、读博，努力未来在某个专业领域成为专家。因此，这部分同学的职业准备更多的是要着力提高自己的科学研究能力，同时拓宽视野和拓展兴趣，如此可以帮助你在研究的过程中开阔思路。当然，这部分同学的课程成绩首先要一直保持在一个较好的水平，并争取获得奖学金，为保研或者留学申请铺垫一个良好的学业记录。其次，还要全面了解自己的专业，探索专业研究的兴趣。研究生阶段的学习更专、更精，因此提前了解下专业的整体情况及自己偏重的研究兴趣，可以更早定下自己的研究方向。基于此，这部分同学在基础学习之外，可以尝试参加一些研究项目和学科竞赛，以提高自己的科研能力、信息搜集和分析能力、报告撰写能力等。后续便可以在确定的研究方向上有针对性地进行提升学习。如此一来，既保持了优异的学业成绩，又有了扎实的科研能力，临近毕业时也可以顺利进入更高的知识殿堂，朝着终极目标继续努力。

选择走技术型发展路径的同学，更适合毕业后将在校学习的专业理论知识应用到实践中去，在某个企业中成为一名技术骨干或技术型专家。与学术型发展路径一样，走技术型发展路径也需要较为优异的专业成绩。只有专业技术过硬，才能在工作中承担项目任务。不同的是，这部分同学在大学期间可以适当去参加一些社团活动，提升自己的人际沟通与协作能力。因为工作中很多的技术项目，是需要团队合作才能完成的；也可以去尝试参加一些研究项目和学科竞赛，以检验自己的实践能力；在高年级也可以尝试争取去企业实习。对于技术型发展路径的同学，毕业后有两条路可以选择：一是先去企业工作。虽然毕业后可能会被安排在技术门槛较低的部门，但后续可在工作中继续学习，争取以优越的实力竞争到更高的职位。还有一种继续读研，研究生毕业后直接去企业技术门槛较高的开发部门。当然，直接工作还是继续读研，要依所学专业的特点来决定。

选择走综合型发展路径的同学，往往不会从事与自己专业完全对口的工作，多以行政、市场类为就业目标。因此，综合型发展路径的核心是要提高自己的综合能力，即我们通常所说的沟通、协调、组织能力等。虽然这些能力与专业看似没有必然联系，但这作为十分重要的可迁移技能，可以迁移到你生活和工作的方方面面，因此这部分技能也被称作是通用技能。这部分同学在大学期间可多参加学生工作和社团活动，但需要提醒的是，虽然这条发展路径不似前两种对课业要求那么高，但专业学习依旧不能松懈，要平衡好学业与社团活动之间的矛盾。也可以稍早一点进入企业实习，磨炼自己的综合能力，并在实习中明晰自己最终的职业兴趣。

总之，毕业进入职场后，同学们最重要的生涯角色将从学生角色转变为工作者角色，即职场角色。同学们要做好准备，迎接新角色带来的挑战。即使身处校园，也要心系职场，在学习期间尽快做好进入职场的各种准备。

探索与思考

1. 结合自己的专业、兴趣和能力，思考自己未来的职业期待符合哪种发展路径？

2. 请以选择的发展路径为目标，试着写下自己在大学阶段应该做哪些具体的准备？在专业学习、实践活动、企业实习等方面，每个阶段想要达成的小目标是什么？

（1）准备工作：________________

（2）专业学习目标：________________

（3）实践活动目标：________________

（4）企业实习目标：________________

延伸阅读

舒伯的生涯发展理论

美国著名生涯专家舒伯根据自己“生涯发展形态研究”的结果，参照布勒的分类，将生涯发展阶段划分为成长、探索、建立、维持与衰退五个阶段，其中有三个阶段与金斯伯格的分类相近，只是年龄与内容稍有不同，舒伯另外增加了就业以及退休阶段的生涯发展，具体分述如下。

成长阶段：由出生至 14 岁。人从孩童开始便发展出自我概念，开始以各种不同的方式来表达自己的需要，且会经过对现实世界的尝试，不断修饰自己的角色。这个阶段的任务是，发展自我形象，发展对工作世界的正确态度，并了解工作的意义。这个阶段共包括三个时期：一是幻想期（0 岁至 10 岁），它以“需要”为主要考虑因素，在这个时期幻想中的角色扮演很重要；二是兴趣期（11 岁至 12 岁），它以“喜好”为主要考虑因素，喜好是个体抱负与活动的主要决定因素；三是能力期（13 岁至 14 岁），它以“能力”为主要考虑因素，能力逐渐具有重要作用。

探索阶段：由 15 岁至 24 岁。该阶段的青少年，通过学校的活动、社团休闲活动、打零工等机会，对自我能力及角色、职业做了一番探索，因此选择职业时有较大弹性。这个阶段的任务是，使职业偏好逐渐具体化、特定化并实现职业偏好。这个阶段共包括三个时期：一是试探期（15 岁至 17 岁），考虑需要、兴趣、能力及机会，做暂时的决定，并在幻想、讨论、课业及生活中加以尝试；二是过渡期（18 岁至 21 岁），进入就业市场或开始专业训练，更重视现实，并力图实现自我观念，将一般性的选择转为特定的选择；三是试验并稍做承诺期（22 岁至 24 岁），生涯初步确定，并试验其成为长期职业生活的可能性，若不适合则可能再经历上述各时期以确定方向。

建立阶段：由 25 岁至 44 岁。由于经过上一阶段的尝试，不合适者会谋求变迁或做其他探索，因此该阶段一般能确定在整个事业生涯中属于自己的“位子”，并在 31 岁至 40 岁，开始考虑如何保住这个“位子”，并固定下来。这个阶段的任务是调整、稳固并求上进。这个阶段细分又可包括两个时期：一是试验—承诺稳定期（25 岁至 30 岁），个体寻求安定，也可能因生活或工作上若干变动而尚未感到满意；二是建立期（31 岁至 44 岁），个体致力于工作上的稳固，大部分人处于最具创意时期，也会由于资深而业绩优良。

维持阶段：由 45 岁至 65 岁。个体仍希望继续维持属于他的工作“位子”，同时会面对新人员的挑战。这一阶段的任务是维持既有成就与地位。

衰退阶段：65 岁以上。由于生理及心理机能日渐衰退，个体不得不面对现实，从积极参与转到隐退。这一阶段往往注重发展新的角色，寻求不同的方式替代和满足需求。

在上述舒伯的生涯发展阶段理论中，每一阶段都有一些特定的发展任务，每一阶段需达到一定的发展水准或成就水准，而且前一阶段发展任务的达成与否关系到后一阶段的发展。在以后的研究岁月中，舒伯对发展任务的看法又向前跨了一步。他认为在人一生的生涯发展中，各个阶段同样要面对成长、探索、建立、维持和衰退的问题，因而形成“成长—探索—建立—维持—衰退”的循环。

1976 到 1979 年间，舒伯提出了一个更为广阔的新观念——生活广度、生活空间的生涯发展观（life-span，life-space career development）。舒伯加入了角色理论，并将生涯发展阶段与角色彼此间交互影响的状况，描绘成一个多重角色生涯发展的综合图形。这个生活广度、生活空间的生涯发展图形，舒伯将它命名为“一生生涯的彩虹图”（life-career rainbow）（见图 1-1），形象地展现了生涯发展的时空关系，更好地诠释了生涯的定义。

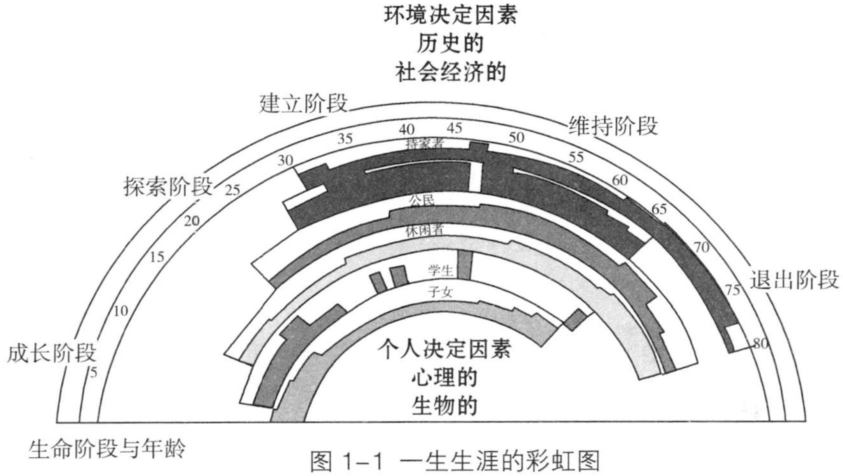

图 1-1 一生生涯的彩虹图

在一生生涯彩虹图中，纵向层面代表的是纵观上下的生活空间，是由一组职位和角色组成。子女、学生、休闲者、公民、工作者、持家者六个不同的角色，他们交互影响，交织出个人独特的生涯类型。舒伯认为个人在发展历程中，随年龄的增长而扮演不同的角色，图的外圈为主要发展阶段，内圈阴影部分的范围，长短不一，表示在该年龄阶段各种角色的分量；在同一年龄阶段可能同时扮演数种角色，因此彼此会有所重叠，但其所占比例分量有所不同。

根据舒伯的看法，一个人一生中扮演的许许多多角色就像彩虹同时具有许多色带。舒伯将显著角色的概念引入了生涯彩虹图。他认为角色除与年龄及社会期望有关外，与个人所涉入的时间及情绪程度也有关联，因此每一阶段都有显著角色。

项目二 自我认知探索

任务一 自我认知：清醒才能坚定

学习目标

1. 通过了解自我认知的内容，提高自我认知力。
2. 学习如何自我评价，并尝试对自己进行准确且全面的评价。

案例导入

小邱毕业于一所不知名大学，却在前不久成功跳槽到一家知名互联网公司。

小邱打从学生时代起，就是个特别有主见的人。大多数同学7点还没起床，他6点就已经开始读书了，周末5公里的跑步不曾间断。大学时，同学们刚着手准备毕业论文，他已经锁定就业方向，开始提前储备专业知识。毕业前，不少同学求得稳定职位后便心满意足，只有小邱依旧在奔走，寻求自己理想的起点。

同学们见他屡屡碰壁，都劝他差不多就算了，别折腾了，毕竟专业对口的工作没那么好找。但小邱对自己的职业规划很清晰，那些看起来容易走的路并不是他的选择。最终他入职了杭州一家不错的通信公司，是为数不多的非名校毕业生入职者，给自己的大学生活画上圆满句点。进入职场后，小邱丝毫没有松懈，除了在职场兢兢业业，业余时间也不断充电学习。入职两年，他晋升了两级，前不久还成功跳槽，这离他当初设定的目标又近了一步。

时刻保持清醒，小邱才得以走出一条属于自己的路。随大流再简单省事不过，但注定无法量身定制自己的人生。

小邱清楚地知道自己的优势与劣势，作为非名校毕业生，为了接近就业目标，他比身边的人更加努力。在不断的自我认知与评价中，保持清醒，如此才定制出属于自己的人生。

一、自我认知

"了解你自己"，这是很早以前就被智者当作最基本、最重要的事情而提出的话题。在我们这个现代世界，它的重要性比以往任何时候都更显著。中国有句古话，叫作"人贵有自知之明"，这个"贵"字，指的不单是宝贵，也是稀少，即物以稀为贵。老子说："知人者智，自知者明；胜人者有力，自胜者强。"西方人崇拜的德尔菲神庙上也刻着一行警醒人们的字："认识你自己！"在人的一生中，最重要的是认识自我，而最难的恰恰也是正确地认识自我。认识自我是一个需要终其一生并不断修正的漫长过程。

（一）自我认知的内容

自我认知是指对自己的生理状况（如身材、容貌、健康状况等）、心理特征（如爱好、特长、能力、气质、智力、性格等），以及自己与他人和社会的关系（如与领导、老师、同学、亲人、朋友等的关系及在国家、地区、单位的地位和作用等）的认识。自我认知与自我觉察是进行清晰自我定位的基础，也是个人职业与事业生涯的起点。只有不断地正视自己、反思自己、认识自我、发现自我、促进自身发展，才能充分实现自我价值。

（二）如何提高自我认知力

1. 经历回顾

可通过回顾童年、少年期的经历，总结成功与失败的经验教训，发现自己的个性特点。

2. 与同龄比较

以人为镜，在比较中认识自己。可以通过与同龄伙伴在个性、能力、与人交往的态度、情感表示方式等方面进行比较，找出自己的特点，确定自己在同龄群体中的位置，进一步认识自己。

3. 他人评价

可以通过他人的评价来认识自己。他人评价比主观自省更客观。但在实际生活中，我们由于心理需要通常只接受某些方面的评价，甚至有的人只能听得赞美的话，听不得不同的评议。为了提高自我认知力，接受来自他人的评价是十分重要的途径之一。因此，我们要善于倾听并理性地看待他人的意见或建议。

4. 自我反省

自我反省是一种自我体验。自我认知只有在批判性地反省自我、他人以及我们与他人的关系之时才能得到。自我反省需要把目光向内看：你必须深入内心，观察思想的活动、心脏的搏动、意识的作用、需求的本性与方向，以及我们能发现的畏缩、反感以及憎恶等情绪。你不仅要去学习识别这些事情的表象，还要学会去评价它们——评价它们是好、是坏，是重要还是无足轻重；判断它们是深深根植于心，还是仅仅短暂和偶尔出现。

5. 心理测评

透过科学的心理测评，可以帮助人们了解自己未知的部分，也可以帮助人们了解自己的气质和性格、价值观、职业兴趣与偏好等。了解自己的心理状况，并在此基础上有针对性地进行心理调适，提升心理素质，促进自我成长和发展等，有利于你找到人生的发展方向。

二、自我评价

（一）自我评价的内涵和特点

自我评价是建立在自我认知的基础上，通过自我观察与自我分析等手段对身心素质进行全面评价。它不但包含自我整体的心理素质和知识、能力的评价，还包含自我地位及外部环境的评价。自我评价在自我的个性发展中发挥着重要的作用，贯穿于人生的全过程。它指导着自我的进步和发展，促使自我更加成熟和人格更加完善。

大学生自我评价的特点主要表现在以下6个方面：

1. 自觉性和经常性

随着知识的积累，客观世界的发展变化，以及自我意识的提高，大学生自我评价的水平也越来越高，逐步形成了自觉性的自我评价和经常性的自我评价。正是由于大学生自我评价具有自觉性和经常性，所以才会不断进步，日渐成熟，最终成长为社会的栋梁之材。

2. 丰富性

大学生涉猎广泛，在学习过程中思考问题的能力逐渐增强，活动范围慢慢扩大，自我认识和体验日益丰富，自我感情日趋复杂，自我评价具有丰富性。如大学生的自豪、自卑、成功、失败、喜悦、羞耻等相互矛盾的情绪往往集于一身，再如大学生的无私和自私、高傲和自卑等也会同时存在。

3. 极端性

极端性是指自我评价过低或过高，偏离了“现实自我”。由于现实生活环境和思想发展的局限性等原因，导致大学生自我评价时容易出现极端化的倾向，在自卑与自负两种极端情绪中来回摇摆。

4. 社会性

一个人的自我评价并不是在封闭着的自我意识中自然形成的，而是在与周围各种各样的人的接触中，注意他们对自己的态度，想象他们对自己的评价，并以此为素材，把它作为一个客观标准内化到自己的心中而形成自我形象的。由此可见，自我评价中有许多是社会对自己评价的反映。

5. 深刻性

大学生自我评价的自觉性和经常性，会使他们的自我评价能力和水平迅速提高，人生观和价值观趋于多元。他们既强调自我人生价值，又追求实用和实惠；既主张奉献精神，又力图索取；既追求社会地位，又不满足追求的结果；既尊重原则，又缺乏对不公平现象的正确态度；既想摆脱束缚、独立生活，又想依托外界的帮助。这些自我意识中尖锐的矛盾，充分体现了大学生自我评价的深刻内涵。大学生总是力图使理想与现实、开放与封闭、情感与理智等矛盾，在自我意识的评价中统一起来，寻求新的心理平衡，消除内心的焦虑和不安。

6. 敏感性

自我认识的发展、社会地位和威信的提高、知识面的扩展，都使得大学生的自尊心和自信心得到增强。他们期待着别人的赞许和表扬，又担心受到批评，对别人的态度和言行极为敏感，容易产生强烈的情绪波动。例如，有的学生在老师表扬自己时，发现同学互相嘀咕，便有可能产生怀疑、生气，甚至敌对的情绪。

（二）自我评价的原则

自我评价建立在自我观察、自我分析的基础上，是对自我身心素质的全面评估。正确的自我评价应当注意掌握以下 3 个原则。

1. 客观性原则

对自己进行观察、分析、评价要以客观的事实作为基础和依据。不客观的评价就是过高或过低的评价，过高的评价会使自己脱离现实，过低的评价又往往会忽视自己的长处，使自己缺乏自信，过于自卑。

2. 全面性原则

自我评价应当全面，既要看到自己的优点和长处，又要看到自己的缺点和不足，既要看到自己某一方面的特殊素质，又要看到自己全面的整体素质。反之，任何一种片面、孤立、不分主次的自我评价都是不全面的。

3. 发展性原则

自我评价时应以发展变化的眼光看待自己的现实素质，做出客观、全面的评价，而且应当着眼于未来发展变化，预见自己将来的发展潜力和前景。

（三）自我评价的内容

1. 对所在学校威望及其辐射面的评价

毕业生自我评价的一个重要内容就是对自己所在学校进行评价，包括评价学校的社会地位及社会影响力，评价学校的教学水平和能力，评价学校的人才培养体系，评价学校毕业生的素质和能力，评价学校的社会交往范围和学校的发展潜力。

2. 对所学专业社会需求的评价

首先，要对所学专业的内容进行分析评价。其次，要根据专业的社会需求进行分析评价。再次，要根据专业的设置情况进行分析评价。如，专业可分为短线和长线专业。长线专业是指社会一直有需求，学校常设的专业，此类专业毕业生需求相对稳定，常常出现毕业生供大于求的局面，求职就业有困难。短线专业毕业生往往供不应求，经常出现一个学生被几个用人单位争抢的局面。最后，还要分析和评价所学专业的发展前景和潜力。随着社会的发展变化，必然会出现衰退型、成熟型、发展型和新兴型专业。

不可否认，毕业生所学的专业对其择业有较大的影响，但近年来出现了用人单位淡化对毕业生专业对口的要求，更看重人才可塑性的可喜现象。大学教育主要是对学生进行思维方法、学习新知识的能力与方法的训练。如果学生综合素质高、基础扎实、独立思考能力强、知识面宽、自学能力和适应性强，那么他的可塑性就比较高，有较大的发展前景。由此可见，如果专业作为外部条件有所不足，可以通过提高自身素质来弥补。

探索与思考

请客观地对自己进行认知与评价，并选择一两个心仪的职业，上网搜索该职业的具体招聘要求，思考自己是否能在毕业时达到对应的职位要求。

任务二 兴趣发现：有偏爱更专注

学习目标

1. 了解什么是职业兴趣，学习约翰·霍兰德职业兴趣理论，探索自己对哪类工作感兴趣。

2. 了解兴趣与职业生涯的关系。

案例导入

2018 年暑期，云南考生李一峰成为“网红学霸”，因为他考了 712 分，全省排名第八，却拒绝了清华大学、北京大学的邀请，选择了四川大学口腔医学专业。这让很多人感到匪夷所思，清华大学、北京大学是多少学子心中的神圣殿堂啊。李一峰作出这样的选择是有原因的。其实他在 2015 年就参加过一次高考，想去中国科技大学的生物学专业，但是分数不够高，被调剂到了环境工程专业。进入大学后，他很快就发现自己不喜欢这个专业，不过，他还是认真学习，希望能够转到生物学专业。后来通过查询，他发现生物学也不是自己想象的那样。

李一峰觉得，生物学需要的是调研型人才，自己更适合操作性强的技术类专业，而且念生物学基本意味着要延迟毕业。据他了解，中国科技大学生物学专业的学生在本科毕业后，或考研读博，或出国留学，80% 以上都会继续深造，而他打算本科毕业后就工作。努力跑了一年，结果跑错了跑道。仿佛一拳打在了棉花上，李一峰的满腔斗志顿时泄了气。

李一峰在大一结束时就打算退学复读，但是家人不同意。失去了学习兴趣的他逃课、通宵打游戏，最终挂科太多被学校劝退。第二次高考后，有了之前的教训，李一峰花了很多时间在网上搜寻自己喜欢的专业，最后才婉拒清华大学、北京大学，选了四川大学口腔医学专业。

兴趣为什么这么重要？这里其实涉及“成功人生”和“幸福人生”的区别。如果有一个挣大钱但是你不喜欢的工作，还有一个自己很喜欢但是不太有钱的工作，你选哪个？很多同学可能会首选挣钱多的。这是个人生价值观问题，没有什么对错。但是没有了乐趣，即便事情可以做得很好，内心也往往是空落落的。近几年，北京大学心理咨询中心徐凯文教授提出的“空心病”备受关注，说的就是这种状态。徐教授在北京大学的心理咨询中心接待了许多这样的学生，他们都是天之骄子，未来也是前途大好，但他们还是会迷茫，甚至抑郁。

因此，当我们在选择职业生涯时，不仅需要知道自己具备哪些能力，即将从事什么样的工作，也需要知道自己对哪类工作感兴趣并能满足自己的意愿。只有将能力和兴趣结合起来考虑，才更有可能取得职业生涯的成功。

一、职业兴趣探索

（一）职业兴趣概述

职业兴趣是兴趣在职业方面的表现，是指人们对某种职业活动具有的比较稳定而持久的心理倾向，使人对某种职业给予优先考虑，并心向往之。职业兴趣是一个人对待工作的态度、对工作的适应能力，表现为有从事相关工作的愿望和兴趣。拥有职业兴趣，将增加个人的工作满意度、职业稳定性和职业成就感。

大量研究表明，兴趣可以激发潜能：如果一个人对某项工作感兴趣，往往能发挥全部工作才能的 80% ~ 90%，且能够长时间保持高效率而不感到疲劳；而对工作没兴趣的人，只能发挥全部才能的 20% ~ 30%，并且容易感到精疲力竭。可以说，兴趣是职业成功的起点。一个人找到自己感兴趣的工作，就等于踏上了通向成功的道路。兴趣会让人们充满激情，这正是孔子所言的“知之者不如好之者，好之者不如乐之者”。

（二）确认职业兴趣

我们该如何确认自己的职业兴趣呢？美国约翰·霍普金斯大学心理学教授、美国著名的职业指导专家约翰·霍兰德（John Holland）于1959年提出了具有广泛社会影响的职业兴趣理论。

约翰·霍兰德（John Holland）认为人的人格类型、兴趣与职业密切相关，兴趣是人们行动的巨大动力。凡是具有职业兴趣的职业，都可以提高人们的积极性，促使人们积极地、愉快地从事该职业，且职业兴趣与人格之间存在很高的相关性。

霍兰德认为人格可分为实际型、调研型、艺术型、社会型、企业型和常规型六种类型。

1. 实际型（R）

共同特征：愿意使用工具从事操作性工作，动手能力强，做事手脚灵活，动作协调。偏好于具体任务，不善言辞，做事保守，较为谦虚。缺乏社交能力，通常喜欢独立做事。

典型职业：喜欢使用工具、机器，需要基本操作技能的工作。对要求具备机械方面才能、体力的职业或从事与物件、机器、工具、运动器材、植物、动物相关的职业有兴趣，并具备相应能力。如技术性职业（计算机硬件人员、摄影师、制图员、机械装配工等）、技能性职业（木匠、厨师、技工、修理工、农民、一般劳动等）。

2. 调研型（I）

共同特征：思想家而非实干家，抽象思维能力强，求知欲强，肯动脑，善思考，不愿动手。喜欢独立的和富有创造性的工作。知识渊博，有学识才能，不善于领导他人。考虑问题理性，做事喜欢精确，喜欢逻辑分析和推理，不断探讨未知的领域。

典型职业：喜欢智力的、抽象的、分析的、独立的定向任务，要求具备智力或分析才能，并将其用于观察、估测、衡量、形成理论、最终解决问题的工作，并具备相应的能力。如科研人员、教师、工程师、电脑编程人员、医生、系统分析员等。

3. 艺术型（A）

共同特征：有创造力，乐于创造新颖、与众不同的成果，渴望表现自己的个性，实现自身的价值。做事理想化，追求完美，不重实际。具有一定的艺术才能和个性。善于表达，心态较为复杂。

典型职业：喜欢的工作要求具备艺术修养、创造力、表达能力和直觉，并将其用于语言、行为、声音、颜色和形式的审美、思索和感受等。如艺术方面（演员、导演、艺术设计师、雕刻家、建筑师、摄影家、广告制作人等）、音乐方面（歌唱家、作曲家、乐队指挥等）、文学方面（小说家、诗人、剧作家等）。

4. 社会型（S）

共同特征：喜欢与人交往、不断结交新的朋友、善言谈、愿意教导别人。关心社会问题，渴望发挥自己的社会作用。寻求广泛的人际关系，比较看重社会义务和社会道德。

典型职业：喜欢与人打交道的工作，能够不断结交新的朋友，从事提供信息、启迪、帮助、培训、开发或治疗等事务，并具备相应能力。如教育工作者（教师、教育行政人员等）、社会工作者（咨询人员、公关人员等）。

5. 企业型（E）

共同特征：追求权力、权威和物质财富，具有领导才能。喜欢竞争，敢于冒险，有野心、抱负。为人务实，习惯以利益得失、权利、地位、金钱等来衡量做事的价值，做事有较强的目的性。

典型职业：喜欢要求具备经营、管理、劝服、监督和领导才能，以实现机构、政治、社会及经济目标的工作，并具备相应的能力。如项目经理、销售人员、营销管理人员、企业领导、法官、律师等。

6. 常规型（C）

共同特征：尊重权威和规章制度，喜欢按计划办事，细心、有条理，习惯接受他人的指挥和领导，自己不谋求领导职务。喜欢关注实际和细节情况，通常较为谨慎和保守，缺乏创造性，不喜欢冒险和竞争，富有自我牺牲精神。

典型职业：喜欢要求注意细节、精确度、系统、条理，具有记录、归档、根据特定要求或程序组织数据和文字信息的职业，并具备相应能力。如秘书、办公室人员、记事员、会计、行政助理、图书馆管理员、出纳员、打字员、投资分析员等。

然而，大多数人并非只有一种性向。比如，一个人的性向中很可能是同时包含着社会性向、实际性向和调研性向这三种。霍兰德认为，这些倾向越相似，相容性越强，一个人在选择职业时所面临的内在冲突和犹豫也就会越少。为了帮助描述这种情况，霍兰德建议将这六种性向分别放在一个正六边形的每一角。

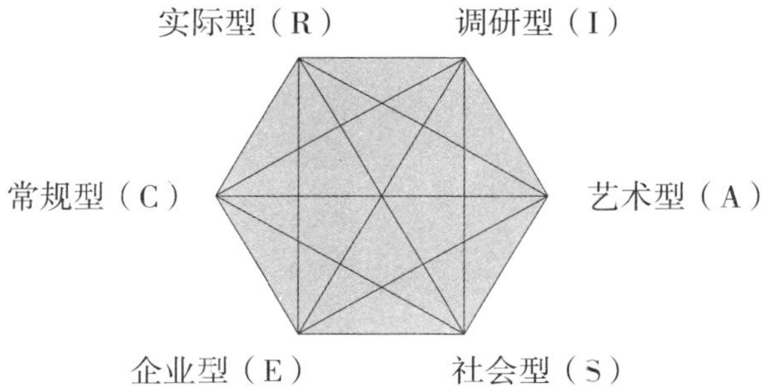

图 2-1　六种类型的内在关系

霍兰德所划分的六大类型，并非并列的、有着明晰边界的。他以六边形标示出六大类型的关系。图中可以看出：每一种类型与其他类型之间存在不同程度的关系，大体可描述为三类：

相邻关系，如 RI、IR、IA、AI、AS、SA、SE、ES、EC、CE、RC 及 CR。属于这种关系的两种类型的个体之间共同点较多，实际型 R、调研型 I 的人就都不太偏好人际交往，这两种职业环境中也都有较少机会与人接触。

相隔关系，如 RA、RE、IC、IS、AR、AE、SI、SC、EA、ER、CI 及 CS。属于这种关系的两种类型个体之间的共同点较相邻关系少。

相对关系，在六边形上处于对角位置的类型之间即为相对关系，如 RS、

IE、AC、SR、EI及CA。相对关系的人格类型共同点少，因此一个共同人对处于相对关系的两种职业环境同时都感兴趣的情况较为少见。

人们通常倾向选择与自我兴趣类型匹配的职业环境，如具有实际型兴趣的人希望在实际型的职业环境中工作，可以更好地发挥个人的潜能。但在职业选择中，个体并非一定要选择与自己兴趣完全对应的职业环境。一则因为个体本身常是多种兴趣类型的综合体，单一类型显著突出的情况不多，因此评价个体的兴趣类型时也时常以其在六大类型中得分居前三位的类型组合而成，组合时根据分数的高低依次排列字母，构成其兴趣组型，如RCA、AIS等。二则因为影响职业选择的因素是多方面的，不完全依据兴趣类型，还要参照社会的职业需求及获得职业的现实可能性。因此，职业选择会不断妥协，需要在相邻职业环境中，甚至相隔职业环境中，逐渐适应工作环境。但如果个体寻找的是相对的职业环境，意味着所进入的是与自我兴趣完全不同的职业环境，则实际工作起来可能难以适应，或者难以做到快乐地工作，相反，甚至可能会每天工作得很痛苦。

职业兴趣是职业选择中最重要的因素之一，是一种强大的精神力量。霍兰德的职业兴趣理论可以帮助个体明确自己的主观性向，从而得到最适宜的活动情境并给予最大的能力投入。根据霍兰德的兴趣理论，个体的职业兴趣影响其对职业的满意程度。当个体所从事的职业和他的职业兴趣类型匹配时，个体的潜在能力可以得到最彻底的发挥，工作业绩也更加显著。在霍兰德职业兴趣理论的帮助下，个体可以清晰地了解自己的职业兴趣类型和在职业选择中的主观倾向，从而在纷繁的职业机会中找寻到最适合自己的职业，避免职业选择中的盲目行为。尤其是对于高职生和缺乏职业经验的人，霍兰德的职业兴趣理论可以帮助做好职业选择和职业设计，成功地进行职业调整，从整体上认识和发展自己的职业能力。

二、职业兴趣的培养方法

职业兴趣一旦形成，便在职业生涯中具有一定的稳定性，但根据实际需要，还是可以通过多种途径，加上自己的努力去规划、改变、发展和培养的。在培养职业兴趣时，可以从以下几个方面努力。

培养广泛的兴趣。具有广泛兴趣的人，不仅对自己职业领域的东西有浓厚的兴趣，而且对其他领域也有广泛的兴趣。这种人眼界比较开阔，解决问题时也可以从多方面得到启发，在职业生涯规划上有较大的选择余地。

重视培养间接兴趣。直接兴趣是对事物本身感到需要而引起的兴趣，间接兴趣则不是对事物本身的兴趣，而是对于这种事物未来的结果感到需要而产生的兴趣。人在最初接触某种职业时，往往对职业本身缺乏强烈的兴趣，要从间接兴趣着手来培养兴趣。可以通过了解从事某项职业在社会活动中的意义、对人类活动的贡献等来引起兴趣，也可以通过了解某项职业的发展机会来引起兴趣，还可以通过实践逐步提高间接兴趣。

积极参加职业实践。只有通过职业实践，才能对职业本身有更为深刻的认识和了解，进而激发自己的职业兴趣。职业实践活动内容十分丰富，包括生产实习、社会调查、参观访问以及组织兴趣小组等。每一个人都可以通过参加各种职业实践活动有意识地去培养和发展兴趣，为事业的成功创造条件。

保持稳定的职业兴趣。在某一方面有持久稳定的兴趣，不能朝三暮四、见异思迁，这样才能投入更多的热情和精力，深入钻研相关内容，在事业上才能有所发展和成就。

三、兴趣与职业生涯的关系

兴趣是一个人在工作中取得成功的重要推动力。爱因斯坦曾说过“兴趣是最好的老师”，很多成功的科学家都是兴趣广泛的人。因为兴趣能将一个人的潜能最大限度地发掘出来，并且经过个人的艰苦努力最终取得令人惊叹的成绩。但是，兴趣并不代表能力，一个人对某个特定职业有兴趣并不表示就能干好这个职业。同样，如果一个人具备了从事某项工作的能力，但是对这些工作缺乏兴趣，在该工作上取得成功的可能性也不大。许多研究已经指出，能力并不能解释、预测职业生涯的成功和失败，你的兴趣、价值观、动机等情感性倾向因素对你职业生涯适应性也有影响，因而必须加以考虑。在这些因素中又以兴趣所起的作用最大。

一个人如果能根据自己的爱好去选择生涯，他的主动性将会得到充分发挥。即使十分疲倦和辛劳，也总是兴致勃勃，心情愉快；即使困难重重也绝不灰心丧气，而能想尽办法，百折不挠地去克服它，甚至废寝忘食，如醉如痴。

美国曾对两千多位著名的科学家进行调查，发现很少有人是出于谋生的目的而工作的，他们大多是出于个人对某一领域问题的强烈兴趣而孜孜以求，不计名利报酬，忘我地工作，他们的成功与他们的兴趣相联系。

兴趣是影响职业定向与职业选择的重要因素之一。在选择的过程中，人们常常会倾向于寻找与个人兴趣相关的职业，尤其是在外界限制比较小的时候，人们会选择自己感兴趣的职业。因此，兴趣是影响职业定向与职业选择的重要因素之一。

兴趣可以增强人的职业适应性。兴趣可以促进个人能力发挥，并且广泛的兴趣还可以让人适应多变的环境，就算变换工作性质也能很快熟悉与适应工作。

兴趣是保证个人职业稳定性与工作满意度的重要因素。一个人对某一事物感兴趣就会激发对该事物的求知欲与探索热情，调动自己的积极性，使智能与体能进入最佳的状态，从而最大限度地施展才华，充分发挥主动性与创造性。那么，在这种情况下，个人的职业稳定性也会得到保证，并且很容易提高工作满意度。

通过以上介绍，大家了解了兴趣对职业有哪些影响之后，应该明白：求职者在做职业生涯规划时，不仅需要知道自己有能力从事怎样的工作，也需要知道自己对哪一类工作感兴趣，因为做自己感兴趣的工作最容易成功，并且能从中得到无穷的乐趣。

探索与思考

假设你获得了一次免费旅游度假的机会，可以从下列六个岛屿中的任意选择一个。

R 岛——自然原始岛。这是个自然生态优良的绿色之岛。岛上不仅保留了热带雨林等原始生态系统，而且建立了相当规模的植物园、动物园、水族馆。岛民以手工制造见长，自己种植花果，栽培蔬菜，修缮房屋，打造器物，制作工具。

I 岛——深思冥想岛。这个岛平畴绿野，人少僻静，适合夜观星象。岛上有很多天文馆、科技博物馆、科学图书馆。岛民们最喜欢猫在自己的小房子里，天天钻研学问，沉思冥想，探究真知。哲学家、科学家和心理学家在这里约会，讨论学术，交流思想。

A 岛——美丽浪漫岛。这个岛上到处是美术馆、音乐厅，弥漫着浓厚的艺术文化气息。岛民们保留着传统的舞蹈、音乐与绘画。许多文艺界人士都喜欢来到这里开沙龙派对，寻求灵感。

S 岛——温暖友善岛。这个岛的岛民性情温和，乐于助人，人际关系十分友善。大家互助合作，重视教育后代。每个社区都能自成一个密切互动的服务网络，处处充满着人文关怀气息。

E 岛——显赫富庶岛。该岛经济高度发展，处处是高级饭店、俱乐部、高尔夫球场。岛民性格热情豪爽，善于企业经营和贸易活动。岛上往来者多是企业家、经理人、政治家、律师等。这些商界名流等上等阶层人士在岛上享受着高品质生活。

C 岛——现代都市岛。处处耸立着的现代建筑，标志着这是一个进步的、都市形态的岛屿。岛上的户政管理、地政管理及金融管理都十分完善。岛民冷静保守，处事有条不紊，善于组织规划。

请不要考虑其他因素，仅凭自己的兴趣，在 15 秒钟内回答以下问题：

1. 如果你必须在这个岛上和岛上的居民一起生活至少半年的时间，你会优先选择哪一个岛？

2. 第二会选择哪一个岛？

3. 第三会选择哪一个岛？

4. 你打死都不愿意选择哪一个岛？

六个岛屿事实上分别代表了霍兰德职业兴趣理论中的六种职业类型，分别是：

R 岛——实际型（realistic）。

I 岛——调研型（investigative）。

A 岛——艺术型（artistic）。

S 岛——社会型（social）。

E 岛——企业型（enterprising）。

C 岛——常规型（conventional）。

问题 1 的答案体现了你最显著的职业性格特征、最喜欢的活动类型及最喜欢（很可能是最适合）的大致职业范围，问题 4 的答案则是你最不喜欢的活动类型。

课堂活动

浏览校园官网，进入“职业测评”专区，选择“霍兰德职业倾向测试”，测评自己的职业兴趣。

任务三 性格分析：适合的才是最好的

学习目标

1. 通过认识性格，并利用“MBTI 人格理论”性格测评方法探索自己的性格。

2. 掌握性格与职业选择的关系，帮助自己在未来求职时做出最佳选择。

案例导入

在《×× 大会》第四季的舞台上，鸟鸟作为一个新人一鸣惊人。

虽然一出场，她就聚齐了几个巨大的标签：丧、内向、社恐、容貌焦虑，但她淋漓尽致地甚至有些残酷地把这些特质写成了段子。她的段子似乎更多地源于阅读与智识而非纯粹的生活经验。她让脱口秀这门艺术更接近有趣的思维游戏。这是她经历过许多挫败与挣扎，在不断向内挖掘中获得的。

乌鸟本科就读于吉林大学工科专业。大学期间，她非常迷茫，工科的课很多，想把高等数学那些课学明白要耗费很多时间，更何况她都没有兴趣。乌鸟想象过如果以后真的从事工科这个行业会怎样，它不是自己喜欢的，里面没有自我表达，自己却有非常多的感受，抒发不出来。那么工作之外，自己分给文学的时间能有多长呢？未来要么做一个严谨但痛苦的工程师，要么做一个快乐但不称职的工程师，但自己又不能接受不称职。

于是，乌鸟最终决定考研，干脆找一个百分百愿意投入的专业：创意写作。最后她如愿考上了北京大学，并在毕业后一步步走向脱口秀表演的喜剧道路。

乌鸟认为，在这个世界上，作为一个内向而敏感的人活着，意味着你比别人更容易疲惫。你要更谨慎地选择自己所在的行业和环境，因为一不小心它就会伤害到你。你需要更接纳自己，外界是不会给你这种接纳的。在一个广场上，如果一个人的声音特别大，大家就只会注意到这个人，不会注意到沉默的其他人。内向的人只能通过内心去确证自己的价值，找寻让自己踏实的方法。

乌鸟的经历不单纯是一个脱口秀演员的故事，而是一个沉默、敏感的女孩如何找到自己表达途径的故事。她也通过脱口秀这个职业找寻到了自己的价值。

一、认识性格

性格看似神秘且复杂，事实并非如此，每一个人都可以对性格形成初步的认识。之所以会有“性格决定命运”这样的观点，其原因在于每个人的生命中，都由个人意识开始，产生个人不同的思想。而通过个人的思想会产生各自的行为，形成一种行为模式。最终，这种行为模式就会变成一种习惯，而习惯就被塑造成了每个人的性格。由此可见，性格指的是一个人经常性的行为特征，以及因适应环境而产生的惯性行为倾向。它是表现在个人对现实的态度和行为方式中的较为稳定而有核心意义的心理特征。它具有整体性、结构性、持久稳定性等特点，是每个人特有的，可以对个人外显的行为、态度提供统一的内在解释。

性格主要体现在对自己、对别人、对事物的态度和所采取的言谈举止。

性格是指个人对事物的稳定态度，以及与之相适应的习惯化的行为方式，在一个人的人格中处于核心地位，决定着个人的活动方向，是个人区别于他人的最主要特征。

性格不是天生的，更多的是受后天社会生活环境的影响而形成的，是个体在社会实践活动中，通过与自然环境、社会环境的交互作用，逐渐形成并会经常而习惯地表现在个人的言行、学习、工作等方面的特质。人的性格受意识、信仰、世界观的影响和制约，是个人素质中的核心，与行为密切相关。

二、性格测评方法——MBTI 人格理论

（一）MBTI 人格理论

从心理学来说，性格测试是测试一个人对现实稳定的态度，并从个人习惯了的行为方式中归纳其所表现出来的人格特征。其中 MBTI（Myers–Briggs Type Indicator）作为一种自我报告式的性格评估测试，是目前国际上应用较广的人才甄别工具。

MBTI 具有非常坚实的心理学基础，可以分析出大量的个性特质。这些特质大部分是人无法改变的，从而奠定了 MBTI 与职业发展之间的密切关系。目前几乎所有职业咨询与服务机构都将 MBTI 作为辅助工具，广泛地应用于职业发展、职业咨询、团队建议、婚姻教育等方面。在美国每年有 300 万以上的人参加基于 MBTI 的测评和培训，在世界五百强企业中有 80% 以上的高层管理者、高级人事主管使用过这个工具，例如百事可乐、西南航空公司、通用电器、3M 等。

MBTI 衡量的是个人的类型偏好，或称作倾向。所谓偏好，是一种天生的倾向性，是一种特定的行为和思考方式。这些偏好并无优劣之分，却形成了人与人之间的不同。它们各自识别了一些人类正常和有价值的行为，也可能成为误解和偏见的来源。MBTI 用四维度偏好二分法来评估一个人的类型偏好，四维度偏好二分法均由两极组成，具体见表 2–1 所示。

表 2–1　MBTI 维度解释

<table>
<tr><th colspan="2">能量倾向：你更喜欢将自己的注意力集中于何处？你从何处获得活力？ E–I 维</th></tr>
<tr><td>外倾 extroversion（E）
注意力和能量主要指向外部世界的人和事，从与人交往和行动中得到活力。
· 关注外部环境
· 喜欢用谈话的方式进行沟通
· 通过谈话形成自己的意见
· 用实际操作或讨论的方式能学得更好
· 兴趣广泛
· 好与人交往，善于表达
· 先行动，后思考
· 在工作和人际关系中都很积极主动</td><td>内倾 introversion（I）
注意力和能量集中于自己的内心世界，从对思想、回忆和情感的反思中得到活力。
· 关注自己的内心世界
· 更愿意用书面方式沟通
· 通过思考形成自己的意见
· 用思考、在头脑中“练习”的方式学得更好
· 兴趣专注
· 安静而显得内向
· 先思考，后行动
· 当情境或事件对他们具有重要意义时会采取主动</td></tr>
<tr><th colspan="2">接受信息：你如何获取信息？ S–N 维度</th></tr>
<tr><td>感觉 sensing（S）
用自己的五官来获取信息。喜欢收集实实在在的、确实已出现的信息。对于周围发生的事件观察入微，特别关注于现实。
· 着眼于当前的实际情况
· 现实、具体
· 关注真实的、实际存在的事物
· 观察敏锐，并能记住细节
· 经过仔细周详的推理一步步得出结论
· 通过实际运用来理解抽象的思维和理论
· 相信自己的经验</td><td>直觉 intuition（N）
通过想象、无意识等超越感觉的方式来获取信息。喜欢看整个事件的全貌，关注事实之间的关联。想要抓住事件的模式，特别善于看到新的可能性。
· 着眼于未来的可能
· 富有想象力和创造性
· 关注数据所代表的模式和意义
· 当细节与某一模式相关时才能够记得
· 靠直觉能很快得出结论
· 希望在应用理论之前对之进行澄清
· 相信自己的灵感</td></tr>
<tr><th colspan="2">处理信息：你是如何做决定的？ T–F 维度</th></tr>
<tr><td>思考 thinking（T）
通过分析某一行动或选择的逻辑后果来做出决定。会将自己从情境中分离</td><td>情感 feeling（F）
喜欢考虑对自己和他人来说什么是重要的。会在头脑中将自己放在情境所牵涉的所有</td></tr>
</table>

续表

处理信息：你是如何做决定的？ T–F 维度	
出来，对事件的正反两方面进行客观地分析。从分析和确认事件中的错误及解决问题中获得活力。目标是找到一个能应用于所有相似情境的标准或原则。 · 好分析 · 运用因果推理 · 以逻辑的方式解决问题 · 寻求一个合乎真理的客观标准 · 爱讲理 · 可能显得不近人情 · 公平意味着每个人都能得到平等的待遇	人的位置上并试图理解别人的感受，然后在此基础上根据自己的价值判断做出决定。从对他人表示赞赏和支持中获得活力。目标是创造和谐的氛围，把每一个人都当作一个独特的个体来对待。 · 善于体贴他人、感同身受 · 受个人价值观的引导 · 衡量决定对他人产生的后果和影响 · 寻求和谐的气氛和积极的人际交往 · 富有同情心 · 可能会显得心肠太软 · 公平意味着每个人都被作为独特的个体来对待
行动方式：你如何与外部世界打交道？ J–P 维度	
判断 judging（J）	知觉 perceiving（P）
喜欢将事情管理得井井有条，过一种有计划的、井然有序的生活。喜欢做出决定，完成后继续下面的工作。生活通常会比较有规划、有秩序，喜欢把事情敲定。按照计划和日程安排办事对他们来说很重要。从完成任务中获得能量。 · 喜欢组织管理自己的生活 · 有系统，有计划 · 按部就班 · 爱制订短期和长期计划 · 喜欢把事情落实敲定 · 力图避免最后一分钟才做决定或完成任务的压力	喜欢以一种灵活、自发的方式生活，更愿意去体验和理解生活而不是去控制它。详细的计划或最后决定会使他们感到被束缚。愿意对新的信息和选择保持开放，直到最后一分钟。足智多谋，善于调节自己适应当前场合的需要，并从中获得能量。 · 自发 · 灵活 · 随意 · 开放 · 适应，改变方向 · 不喜欢把事情确定下来，以留有改变的可能性 · 最后一分钟的压力会使他们感到活力充沛

在 MBTI 测评结果中，每个维度上一个人只能是一种偏好。如一个人是内倾的就不可能是外倾的，是知觉型的就不会是判断型的。但是，这并不代表一个人是内倾的就没有丝毫外倾的特征，这就好像习惯用右手的人不代表他的左手是完全没有用处的，有很多时候需要左右手配合。性格也是如此，一个人如果是内倾，就意味着在绝大多数情况下其自然反应是内倾的，但是也有外倾的时候。在特别的情境下，甚至主要表现可能为外倾。所以，不要绝对地看待测评的结果。

在下面的具体维度介绍中，我们会通过一些活动来帮助大家理解和判断自己的偏好（在这里强调的是“天生”的偏好）。事实上由于环境的限制，我们常常不能照自己天性所喜好的那样生活。比如，社会往往要求我们用一种有规律、有计划的方式生活，要求我们多与人打交道。因此，在我们判断自己更偏向于哪一方面的时候，要注意区分到底是出于天生的倾向还是出于社会的期望，关注哪些是我们的第一反应，哪些是出于我们天生的偏好。

（二）性格组合类型

每个人的性格可能在四种维度相应分界点的这边，也可能在分界点的那边，我们称之为“偏好”。例如：如果你落在外倾的那边，称为“你具有外倾的偏好”；如果你落在内倾的那边，称为“你具有内倾的偏好”。在现实生活中，每个维度的两个方面你都会用到，只是其中的一个方面你用得更频繁、更舒适，就好像每个人都会用到左手和右手，习惯用左手的人是左撇子，习惯用右手的人是右撇子。同样，你的人格类型就是你用得最频繁、最熟练的那种。四个维度各有两个方面，一共组成 16 种人格类型，分别表示为：ISTJ、ISFJ、INFJ、INTJ，ISTP、ISFP、INFP、INTP，ESTP、ESFP、ENFP、ENTP，ESTJ、ESFJ、ENFJ、ENTJ。MBTI 16 种性格类型及其通常具有的特征见表 2–2。

表 2-2 MBTI 16 种性格类型及其通常具有的特征

ISTJ	ISFJ	INFJ	INTJ
沉静，认真。贯彻始终，得人信赖而取得成功。讲求实际，注重事实，能够合情合理地去决定应做的事情，而且坚定不移地把事情完成，不会因外界事物而分散精神。以做事有次序、有条理为乐——不论在工作上、家庭上或者生活上。重视传统和忠诚。	沉静，友善，有责任感和谨慎。能坚定不移地承担责任。做事贯彻始终、不辞辛劳和准确无误。忠诚，替人着想，细心；往往记着他所重视的人的种种微小事情，关心别人的感受。努力创造一个有秩序、和谐的工作和家居环境。	探索意念、人际关系和物质拥有欲的意义和它们之间的关系。希望了解什么可以激发人们的推动力，对别人有洞察力。尽责，能够履行他们坚持的价值观念。有一个清晰的理念以谋取大众的最佳利益。能够有条理地、果断地去实践他们的理念。	有具有创意的头脑，有很大的冲劲去实践他们的理念和达到目标。能够很快地掌握事情发展的规律，从而想出长远的发展方向。一旦做出承诺，便会有条理地展开工作，直到完成为止。有怀疑精神，独立自主。无论为自己或为他人，都有高水准的工作表现。
ISTP	**ISFP**	**INFP**	**INTP**
容忍、有弹性。冷静的观察者，但当有问题出现时，便迅速行动，找出可行的解决方法。能够分析哪些东西可以使事情进行顺利，能够从大量资料中找出实际问题的重心。很重视事件的前因后果，能够以理性的原则把事实组织起来，重视效率。	沉静，友善，敏感和仁慈。欣赏目前和周遭所发生的事情。喜欢有自己的空间，做事的同时又能把握自己的时间。忠于自己所重视的人。不喜欢争论和冲突，不会强迫别人接受自己的意见或价值观。	理想主义者，忠于自己的价值观及自己所重视的人。外在的生活与内在的价值观配合。有好奇心，能很快看到事情可能与否，能够加速对理念的实践。试图了解别人、协助别人发展潜能。适应力强，有弹性。如果和他们的价值观没有抵触，往往能包容他人。	对任何感兴趣的事物，都要探索一个合理的解释。喜欢理论和抽象的事情，喜欢理性思维。沉静，满足，有弹性，适应力强。在他们感兴趣的范畴内，有非凡的能力去专注而深入地解决问题。有怀疑精神，有时喜欢批评，常常善于分析。

续表

ESTP	ESFP	ENFP	ENTP
有弹性，容忍。讲求实际，专注即时的效益。对理论和概念上的解释感到不耐烦，希望以积极的行动去解决问题。专注于“此时此地”，喜欢主动与别人交往。喜欢物质享受的生活方式。能够通过实践达到最佳的学习效果。	外向，友善，包容。热爱生命，热爱人，喜爱物质享受。喜欢与别人共事。在工作上，注意现实的情况，使工作富有趣味性、灵活性、即兴性。易接受新朋友和适应新环境。与别人一起学习新技能可以达到最佳的学习效果。	热情而热心，富有想象力。认为生活充满很多可能性。能够很快地找出事情和信息之间的关联性，而且有信心依照他们所看到的模式去做。很需要别人的肯定，又乐于欣赏和支持别人。即兴而富于弹性，时常信赖自己的临场表现和流畅的语言能力。	思维敏捷，机灵，能激励他人，警觉性高，勇于发言。能随机应变地应付新的和富于挑战性的问题。善于引出在概念上可能发生的问题，然后很有策略地加以分析。善于洞察别人。对日常例行事物感到厌倦。甚少以相同方法处理同一事情，能够灵活地处理接二连三的新事物。
ESTJ	**ESFJ**	**ENFJ**	**ENTJ**
讲求实际，注重现实，注重事实。果断，很快做出实际可行的决定。能够安排计划和组织人员以完成工作，尽可能以最有效率的方法达到目的。能够注意日常例行工作的细节。有一条清晰的逻辑标准，会有系统地跟着去做，也想别人跟着去做。会以强硬的态度去执行计划。	有爱心，尽责，合作。渴望有和谐的环境，而且有决心营造这样的环境。喜欢与别人共事，能准确地、准时地完成工作。忠诚，即使在细微的事情上也能如此。能够注意别人在日常生活中的需要而努力满足他们。渴望别人赞赏他们和欣赏他们所做的贡献。	温情，有同情心，反应敏捷和有责任感。高度关注别人的情绪、需要和动机。能够看到每个人的潜质，会帮助别人发挥自己的潜能。能够积极地协助他人和组织的成长。忠诚，对赞美和批评都能很快地做出回应。社交活跃，在一组人当中能够惠及别人，有启发人的领导才能。	坦率，果断，乐于做领导者。很容易看到不合逻辑和缺乏效率的程序与政策，从而开展和实施一个能够顾及全面的制度去解决一些组织上的问题。喜欢有长远的计划，喜欢制定的目标。往往是博学多闻，喜欢追求知识，又能把知识传给别人。能够有力地提出自己的主张。

（三）MBTI 人格理论在职业生涯规划中的运用

MBTI 人格类型揭示了一个人深层的“本我”、真实的我、自我的核心，最本能、最自然的思维、感觉、行为模式，而不是在别人面前所表现出来的表面的性格特征。它揭示了不同类型的人有不同的本能的、自然的思维、感觉、行为模式，同一种类型的人本能的、自然的思维、感觉、行为模式又是何其相似，从而使我们明白为什么不同的人对不同的事物感兴趣，为什么不同的人擅长不同的工作，为什么人们不能相互理解、有效配合。通过了解自己和其他人的性格倾向，可以更好地理解自己的优点、缺点，更容易接受自己，更好地理解和接受他人，理解为什么人与人在思维、行为、观念、表现等方面存在差异，从而接受其他观点的合理性，避免固执己见或者简单地判定某种做法的正确或错误。

一个人的 MBTI 人格类型是由遗传、成长环境决定的。约 25 岁以后，人格类型一般很难改变（存在个别人在经历过特殊处境后，性格类型有改变的例外情况），只有性格偏好的程度会随着年龄的增长而有所变化。根据 MBTI 理论，每种个性类型均有相应的优点和缺点、适合的工作环境、适合自己的岗位特质。使用 MBTI 进行职业生涯开发的关键在于如何将个人的人格特点与职业特点进行结合。对于大学生而言，在进行职业生涯设计时除了参考职业兴趣外，重要的就是了解自己的 MBTI 类型。它不仅可以提供适合的岗位、工作环境等方面的参考，还可根据个人的情况提出系统的发展建议。

（四）MBTI 类型与职业的匹配

知道自己的 MBTI 类型，可以帮助你了解职业倾向。有研究数据表明，S–N、T–F 两种维度的组合 ST、SF、NF、NT 与职业的选择更为相关。

ST 型的人更关注通过实效和实际的方式应用详细资料。例如，一位 ST 型的心理咨询硕士可能成为心理测评和应用方面的专家。

SF 型的人喜欢通过实践的方式帮助别人。例如，一位 SF 型的心理咨询硕士将关注自己的管理、督导技能，以发展和促进同事之间有效的工作关系。

NF 型的人希望能通过在咨询、艺术等领域的工作来帮助人们。例如，一位 NF 型的心理咨询硕士可能成为临床专家，帮助人们成长、发展和学习，以及如何更好地了解自己和他人。

NT 型的人更关注理论框架，如科学、技术和管理，喜欢挑战。例如，一个 NT 型的心理咨询硕士将运用他的战略重点和管理技巧，成为人力资源领域的管理者。

工作安全感则受 IJ、IP、EP、EJ 的影响最大，其中 EJ 类型的人最易有工作安全感，而 IP 类型的人常常在工作中对组织、未来等缺乏安全感。

当然，16 种 MBTI 类型各有其职业倾向。其中，职业倾向都是从大的类别描述，从中理解自己的职业倾向时，请不要陷入类别名称的描述，更重要的是要看到这一类别工作的特点。因为在现实的工作世界中，工作名称千变万化，即使相同名称的职位也可能因不同公司而要求相异，所以只有知晓适合自己性格类型的工作特点才能灵活地运用这一理论帮助自己选择工作。

表 2-3　MBTI 16 种性格类型的职业倾向

ISTJ · 管理者 · 行政管理 · 执法者 · 会计 · 其他能够让他们可以利用自己的经验和对细节的注意完成任务的职业。	ISFJ · 教育 · 健康护理（包括生理、心理） · 其他能够让他们运用自己的经验亲力亲为帮助别人的职业，这种帮助是协助或辅助性的。	INFJ · 咨询服务（包括个人、社会、心理等） · 教学 / 教导 · 艺术 · 其他能够促进他们情感、智力或精神发展的职业。	INTJ · 科学或技术领域 · 计算机 · 法律 · 其他能够让他们运用智力创造和技术知识去构思、分析与完成任务的职业。
ISTP · 熟练工种 · 技术领域 · 农业 · 执法者 · 军人 · 其他能够让他们动手操作、分析数据或事情的职业。	ISFP · 健康护理（包括生理、心理） · 商业 · 执法者 · 其他能够让他们运用友善、专注于细节的相关服务的职业。	INFP · 咨询服务（包括个人、社会、心理等） · 写作 · 艺术 · 其他能够让他们运用创造和集中于他们价值观的职业。	INTP · 科学或技术领域 · 其他能够让他们基于自己的专业技术知识独立、客观分析问题的职业。

续表

ESTP · 市场 · 熟练工种 · 商业 · 执法者 · 应用技术 · 其他能够让他们利用行动关注必要细节的职业。	ESFP · 健康护理（包括生理、心理） · 教学 / 教导 · 教练 · 儿童保育 · 熟练工种 · 其他能够让他们利用外向的天性和热情去帮助那些有实际需要的人们的职业。	ENFP · 咨询服务（包括个人、社会、心理等） · 教学 / 教导 · 艺术 · 其他能够让他们利用创造和交流去帮助促进他人成长的职业。	ENTP · 科学 · 管理者 · 技术 · 艺术 · 其他能够让他们有机会不断承担新挑战的工作。
ESTJ · 管理者 · 行政管理 · 执法者 · 其他能够让他们运用对事实的逻辑和组织完成任务的职业。	ESFJ · 教育 · 健康护理（包括生理、心理） · 其他能够让他们运用个人关怀为他人提供服务的职业。	ENFJ · 艺术 · 教学 / 教导 · 其他能够让他们帮助别人在情感、智力和精神上成长的职业。	ENTJ · 管理者 · 领导者 · 其他能够让他们运用实际分析、战略计划和组织完成任务的职业。

在运用 MBTI 性格类型时，我们应该注意：没有哪种偏好或哪种类型是更好的，也没有哪种是更坏的，更没有对错之分。每种类型都是独特的，会在适合的环境中发挥自己的特点。认识自己的性格类型，可以让你更好地了解自己，理解自己的行为特点，根据自己的特点学习、工作和解决问题，但这并不意味着它可以成为约束你不做某事或不选择某种事业的借口。世界上没有百分之百适合某种性格的职业，也没有百分之百不适合某种性格的职业，懂得用己所长，整合资源，才是解决问题之道。性格认识旨在帮助我们更好地了解自己的行为和做事特点，理解他人为何与自己不同。评价的标准不止一个，人与环境的互动也是很复杂的，很难用某个标准来评价。所以，请注意不要在工作中因性格类型而固化地看待甚至歧视某些人。

三、性格与职业选择的关系

“我性格内向/外向，适合什么工作？”“哪些职业正好匹配我的性格？”“以我的性格从事什么行业好？”“我性格中的优势和劣势是什么？”“我是不是该继续从事现在的职业？”不论是即将走进职场的毕业生，还是工作了一段时间的人，面对这类问题都会感到困惑，性格和职业选择之间到底存在着什么样的关联呢？

美国“职业生涯规划之父”弗兰克·帕森斯（Frank Parsons）认为，每个个体都有自己的个性特征，而职业由于其工作性质、环境、条件、方式的不同，对任职人的能力、知识、技能、性格、气质、心理素质等有不同的要求。人们在选择职业时，要根据自己的个性特征来选择与之相对应的职业类型，即实现“人职匹配”。“人职匹配”的实现，意味着个人的个性特征与职业环境取得了高度一致，工作效率将会随之提高，个人职业成功的可能性也会大大增加。

性格是最具有核心意义的个性心理特征，它决定着职业发展的远近，其与职业的匹配程度也决定着事业的成功与否。性格反映了一个人独特的行为方式，是与他人区别的重要标志。人们都知道“马跑得快，牛会犁田，狗能看家”。如果让马去看家，肯定无法尽责；如果让狗去犁田，估计也无法完成任务，这是因为天生特性决定其具有某方面的功用和特长。每种职业岗位都有独特的行为要求，每个人也都有特定的优势和长处，如果一个人从事的职业与其性格相适应，并有能力支撑时，工作起来就会得心应手；如果性格与职业不相适应，就会阻碍工作的顺利进行，使从业者感到被动。

美国著名的职业生涯指导专家霍兰德也将职业选择看成是一个人性格的延伸。他认为，职业选择是性格的表现，个人性格与职业之间的适配与对应是职业满意度、职业稳定性与职业成就的基础。在职业发展的过程中，职业技能和相关资质固然重要，但是充分挖掘自身的个性，找到性格特点、能力素质与职业需求之间的匹配度，才是最大限度地发挥自身潜能、确保职业可持续发展的决定性因素。

好比，当我们用自己常用的那只手签名时，通常会感到“得心应手”，很自如，几乎不假思索，也不用费什么力气，对自己能够做好这件事也很有自信。而当我们用另一只手签名时，就会感到不习惯、别扭和费劲，而且签的名字也歪歪扭扭。不过，我们发现自己也还是可以用这只手签名的。我们在其他事情上也是如此，天生有自己擅长的一面，也有自己不擅长的一面，就如我们的左右手，没有好坏或者对错之分。如果能够找到一个适合的环境，使我们在其中发挥自己的长处和优势，那么我们会很自信，并且往往会取得佳绩。相反，如果要求我们做不擅长的事情，那么多半会感到不舒服、不自在，而且可能干不好工作。

如果我们知晓自己性格上的“左右手”，并了解与之相适应的环境和职业，就能帮助我们做出合乎自己情况的职业选择。这样的最佳匹配，会使得我们容易成为有效的工作者。职业心理学的研究表明，不同的职业有着不同的性格要求，大学生在选择职业或岗位时应充分考虑自己的性格特征。当然，在实际生活中，纯粹属于某一种典型性格的人并不多，绝大多数人是混合型的，而且人的性格也会因这样或那样的原因发生变化，生活中屡见不鲜的例子就是内向、腼腆的人变得外向、善于交际了。正是因为有了自觉或不自觉的某些改变才意外地发现自己有一些意想不到的潜力。

总之，大学生在规划职业生涯时，一定要考虑自己的性格特点，选择合适的职业，并在职业中不断培养发展相应的职业性格，以达到职业与性格的相匹配。

课堂活动

活动 1 讨论与观察（E-I 维度）

请同学们以 6 人为一组，在小组中分析自己偏向内倾还是外倾，并说出为什么如此判断。

请外倾的同学和内倾的同学分成两组，分坐在教室两侧，相互说一说对对方的印象是什么，相处的时候需要对方做一些什么，自己应注意些什么，能从对方身上学到什么。

通过对讨论过程的观察，你觉得哪些同学可能是外倾，哪些可能是内倾？为什么？

外倾的人习惯于外界活动，愿意与人打交道，而内倾者则多安静、保守，喜欢独处或习惯一对一的人际交往。一个外倾的人需要通过参加外界活动或与不同的人打交道来积蓄能量，而内倾者则只有独处后能量才会更足。所以，在练习中，可以通过发言的先后顺序及热烈程度等看出他们的偏好。例如，外倾的人通常会先发言，而且一次也许会表达多个不同主题，因为他们听、说、想同时进行；而后发言者常为内倾者，且他们一次表达一个主题，更习惯先听、后想、再说。下面是一些典型的表现。

外倾者

“平日里要是有人突然问我对某人或某事的看法，我可能会回答得非常宽泛，甚至不会回答。因为在我脑中确实没有对该事的任何想法。我的观点往往是在交谈中形成的。”

“我总是精力充沛，并随时准备帮助任何一个遇到麻烦的人。我喜欢结交朋友，我不喜欢独自工作，喜欢和朋友们待在一起。”

“我喜欢有人气的生活，即使和一群人在一起说话我也乐意。所以在生活中，一般情况下我不会独自出去逛街购物，除非那些东西我很急用。”

内倾者

“我从来就不爱主动地表现、交往、参加特别多的活动。虽然与知心朋友在一起会是另一番景象，但那是另一回事。喜欢小范围、知心的交流本身也是内倾型的表现。”

“在多数情况下，我更关注自己的内心想法和感受，我可以沉浸在自己的世界里大半天而对周围的世界毫无感觉。以前经常有同学很生气地问我为什么在路上碰到他们却不理睬，我也只能一遍遍跟他们解释我在想其他事情，最后他们也就将信将疑地默认了我这种性格。但这并不表示我在忽视他人，我也会站在别人的立场上来考虑事情，也在乎他们的喜怒哀乐，并容易受他们的影响。如果你在路上遇见我，你看见的似乎永远是那么平静、毫无表情的一张脸。”

在工作中，和人打交道的事情往往让外倾的人更有活力，安静独处的时间则令内倾的人更好地发挥才能。讨论问题时，外倾的人通常首先发言，而且观点很多；内倾的人则一般在深思熟虑后才发表意见，且内容深刻。内倾者常不能抢在第一时间发表意见，往往给人留下的印象是没有什么想法。这会让一些内倾者感到自己缺乏表现的能力，进而缺乏自信。其实，这只是不同的性格有不同的行为方式而已。这也提醒讨论的组织者，适当地给发言者多留些时间，会让讨论更有收获。

活动 2　看图说话（S−N 维度）

请同学们观察上图，每幅图的观察时间 3~ 5 秒。

请将每幅图给自己留下的印象写在纸上。

请同学们说说自己的印象。认真倾听每个同学描述的不同，根据这些不同判断哪些同学可能是感觉型的，哪些同学可能是直觉型的。

感觉和直觉是我们获取信息的两种方式。感觉型的人倾向于用五官来获取精确的信息。直觉型的人则习惯于通过所谓的第六感来获取信息，他们更注重事情的含义、象征意义和潜在意义。在练习中，对第一幅图的典型描述是：A.“由一个圆形、几个椭圆形和不规则的方形组成。”B.“由花瓣一样的图案组成，还有圆形和方形。”对第二幅图的典型描述是：C.“有很多齿轮，有一个人趴在上面，顶上有个钢盔，后面是一些树和人。”D.“战争和人类对森林的砍伐将毁灭地球，警钟已经敲响，这是对现实真实的写照。”

从上面的描述中不难看出区别：一种描述很具体而写实，如 A 和 C；B 和 D 则抽象一些，尤其是 D 的描述充满了象征意义。所以不难看出，前者通常是感觉型人的描述，后者则是直觉型人的描述。

现实生活中，感觉型和直觉型的人区别也很明显。比如，对某个人的印象，感觉型的人往往能够说出他的相貌、衣着，如长脸还是圆脸，戴没戴眼镜等；而直觉型的人更多说出的是对这个人的感觉，比如诚恳、热情等。如果你让一个感觉型的人给你指路，他会说得非常详细，走大约多少米，或者多长时间，在有个什么标志的地方应该怎么转弯，然后再怎么走等，而直觉型的人只会告诉你要朝哪个方向，走一会儿就到了。

感觉型和直觉型人的不同，造成他们在工作上可能有冲突。感觉型的人更关注事情的细节和事实，如应用类的工作；而直觉型的人更喜欢新的问题和可能性，如理论类的工作。感觉型的人可能会觉得直觉型的人太富幻想，不切实际，而直觉型的人会认为感觉型的人太保守，抵触革新。其实二者在工作中各有所长，可以很好地配合。直觉型的人因为较重远景和全貌，适于做策划的工作；而感觉型的人注重细节和现实，适于做实施执行的工作。

活动 3　你该如何决策（T–F 维度）

某所学校规定，学员被发现吸烟三次就要勒令退学。假如你是这所学校主管学生工作的老师，有一名学生已经两次被发现抽烟，你和他认真地谈了一次话，警告他如果再有第三次将被开除。现在，这名学生在即将毕业的时候第三次吸烟被抓。你会怎么办？为什么？

请同学们说说自己的决定和想法，认真倾听每个同学的想法，判断哪些同学可能是思考型的，哪些同学可能是情感型的。

思考和情感这两个功能是关于人们如何处理获取信息的。思考型的人习惯于通过分析数据、权衡事实来做出符合逻辑的、有目的的结论和选择；而情感型的人则习惯于通过自己的价值来做决定，他们通常会对信息做出个人的、主观的评价。思考型的人通常是直接的、分析性的，他们用大脑做决定；而情感型的人更坚信自己的价值观，并习惯于用心灵来做决定。需要说明的是，此处的“情感”并不等于“情绪化”，它也可以是符合逻辑的，只是依据不同而已。

在练习中，有这样几种典型的回答：

“开除他。我已经和他谈过了事情的严重性，但他一犯再犯，制度就是制度，一定开除，否则再出现类似的事情就没法管了，这样做对其他学生也是一种公平。”

“我会再找他谈谈，问问他再次抽烟的原因是什么。考虑到他马上就要毕业，这时候开除他有点可惜，对前途的影响比较大，所以我会和他谈谈问题的严重性，并告诫他以后类似的事情不要再犯，但是最后还是决定不开除他。”

“开除他。虽然他马上就要毕业，现在开除他对他影响很大，但是如果这次不给他教训，让他有了侥幸的心理，下次他遇到类似的事情还可能会犯错。这容易让他养成对自己行为不负责任的习惯，不利于他的成长，所以宁可痛一时，强于痛一辈子。但在开除之前我会好好和他谈谈这里面的原因，希望他能够吸取教训。”

从上面的三种回答中，我们可以看到：第一种回答和第三种回答的结果相同，但思考的角度却有很大区别。第一种回答更看重制度，追求制度上的公平；第三种回答则从个人的成长和价值角度出发；而第二种回答更多的是从对学生产生的影响出发来考虑问题。所以虽然结果不尽相同，但不难看出第一种通常是思考型人的回答，第二种和第三种是情感型人的回答。

做决策时，思考型的人以事为主，情感型的人以人为主。比如，某公司员工小李作为某方面的专业人士为公司做出了很多贡献，公司恰好有个不错的项目，如果能够负责该项目的话，个人将有很大的成长。小李向公司表达了希望负责此项目的愿望，但是公司将项目交给了一位刚入职不久但专业上略胜小李一筹的新员工。公司只考虑了更高的专业水平意味着可能的高质量，而根本未考虑小李之前的贡献。如果小李是思考型的人，他可能因失去这个机会而感到遗憾，但也认同公司的做法，因为毕竟这样项目可能发展得更好；但是，如果小李是情感型的人，他可能会感到公司对员工冷酷无情，不考虑员工的感受，从而对公司产生疏离感。由此可以看出，思考型的人重在解决问题，而情感型的人更关注感受、建立关系。

在工作中，情感型的人很看重所做事情的价值是否符合自己的价值观，愿意追求心灵层面的东西，更喜欢和谐的工作环境，并乐意为人服务；思考型的人讲究逻辑性，更喜欢分析、解决问题，尤其愿意和概念、数字或者具体事物打交道，找到客观的标准和原则是他们的乐趣。

活动4　你会去吗（J–P维度）

假设现在是周五下午，你在本周日上午要参加大学英语六级考试。这是你最后一次机会参加这个考试了，而你感觉自己有不少东西还没有准备好，因此打算在今晚和周六好好复习一下。但是，你忽然接到电话，一个好朋友从外地过来。你们已经好久没有见面了，他邀你今晚相见，他周六早上就要离开。你会去吗？为什么？

请同学们说说自己的想法，认真倾听每个同学的发言，判断哪些同学可能是判断型的，哪些同学可能是知觉型的。

判断和知觉是关于人们在与外界发生关系的过程中是如何做决定的。判断型的态度意味着这样的人会通过思考和情感去组织、计划和调控自己的生活。而知觉型的态度意味着这样的人倾向于用感觉和直觉的方式去对事物做决定，他们的态度通常是灵活的、开放的。判断型的人喜欢将事情管理得井井有条，习惯过一种井然有序的生活。当他们做决定时，他们会做明确的计划，并考虑不同的观点。而知觉型的人喜欢自发、随意地处理问题，他们愿意保持开放的思想。

在练习中，有以下两种典型答案：

“当然去，好朋友难得一见，当然重要了。周六英语考试还可以有一天复习时间，临时抱佛脚的复习也不见得有多大用处。”

“不会去。即使复习好了也不会去，因为那样就找不到考试的感觉了。朋友虽然很重要，但以后肯定还会有机会，可是考试就最后一次机会了。”

显然，前者是知觉型人的答案，他们喜欢在体验中生活，可以身处在不同事件中；后者是判断型人的回答，他们不喜欢意外的变化，喜欢集中精力、按部就班地处理好一件事。

判断型的人乐于制订和执行计划，井井有条的生活是他们乐于追求的。你甚至可以看到判断型人的房间、办公桌都收拾得整齐有序。而知觉型的人则痛恨计划，他们希望所做的事情最好不要有完成期限，他们的注意力常常很快就从一件事转移到另一件事上去，他们最感兴趣的就是最初解决问题的时候以及创造新思路的阶段。他们喜欢在具有挑战性的问题面前寻找自己的灵感。但是在此之后，往往会失去兴趣，缺少一种完成任务的自制力。

在工作中，知觉型的人可能会接太多的事情却难以完成，但往往能够很灵活，善于抓住机会。对他们来说，面对新的环境或情境去适应和理解它远比管理它要来得有趣。而判断型的人常拘泥于计划和秩序，如果计划被打乱会非常烦躁。在他们眼中，有系统的工作和秩序是最重要的。

在完成了 MBTI 四个维度的练习后，你是否已经能初步判断出自己在每个维度上的偏好是什么？你可以再次对照文中对每个偏好的解释，然后在下面的横线上写下自己的 MBTI 类型：

能量倾向：________________________________

接受信息：________________________________

处理信息：________________________________

行动方式：________________________________

请对照性格理论的解释和工作匹配类型分析一下自己。如果在课堂上可以和其他两人组成小组，交流一下自己属于哪个类型，是否符合自己的认识，对自己和适合的工作方向有何新的发现。也可以在课堂之外和朋友完成这个活动。

任务四　技能挖掘：以特长对抗平庸

学习目标

1. 通过了解技能的定义，明确技能与能力的关系。

2. 掌握技能的分类，区分知识技能、自我管理技能以及可迁移技能三者的不同。

3. 学习如何挖掘和培养自己所需的职业技能。

4. 认识技能与职业生涯的关系。

案例导入

2021年的世界技能大赛湖北赛区现场，在家具制作项目中获得赛区第二名的大三学生高盼十分引人注目。

高盼是湖北某学院的一名大学三年级学生，专业是室内设计。一年半之前，高盼报名了学校的木艺课程，结果一下子上了瘾："第一次做榫结构的时候好像是跟它心灵相吸一样。"经过校内、校外层层选拔，高盼凭借出色的技艺，成功入选了第46届世界技能大赛湖北赛区木工类项目的比拼。

世界技能大赛评分标准十分严格，对于选手的基本功、体力等各方面都是一个很大的考验。高盼挑战的家具制作项目，需要在16小时内根据大赛图纸和料单制作出家具，且误差不得超过0.9毫米。为了能在规定时间内做出又精又良的家具。高盼苦练技艺并每天跑步锻炼体力，比赛期间尽管手指有伤依旧忍着疼痛全程参与，并最终获赛区第二名。

在高盼印象里，木工是老一辈拿着锤子敲敲打打，但随着学习的不断深入，她逐渐明白木工的技术门槛并不低，而且木工的设备也一直在更新换代。

高盼认为："现在的顶尖木工应该是把现代科技跟原木很好结合起来，把老祖宗的东西跟现代的东西结合起来。"

越热爱越专业，高盼说未来想让别人知道"家具制作领域有我这个人"。

一、技能的定义

了解技能之前，我们必须先理清楚能力与技能的关系。

能力是人们顺利实现某种活动的心理条件，不仅包含了一个人现在已经达到的水平，而且包含了一个人所具有的潜力。按照其获得的方式（先天具有与后天培养），可以分为"能力倾向"和"技能"两大类。

能力倾向是指上天赋予每个人的特殊才能。我们经常会评价在某一方面取得突出成绩的人具有某种天赋，比如音乐、运动等，其实这就是指这个人具有某种能力倾向。能力倾向是与生俱来的，但是也有可能因未被开发而荒废，因此这是一种潜能。比如，虽然不是每个人都能像苏炳添一样跑得那么快，但一定有一些人具备像苏炳添那么好的身体协调能力和爆发力，只是他们从来没有机会去发展这方面的天资。遗传、环境和文化都可以影响到天赋的发展。

技能则是指经过后天学习和练习培养而形成的能力，如阅读能力、人际交往能力、表达能力等。在个人成长的过程中，从什么也不会做的小婴儿到一个生活自理，能够看、听、说、行走、阅读、写字的普通成年人，都已经学会了无数的技能。

技能不同于能力倾向。能力倾向在职业评估或天赋中常常使用，有时与艺术努力相联系。技能包括发展和习得的知识与躯体行为，而能力倾向或天赋指我们先天遗传的能力，以及有待开发可用于学习和发展技能的能力。

二、技能的分类

对个人技能进一步的认识，需要建立在对技能分类的了解上。辛迪·梵（Sidney Fine）和理查德·鲍尔斯（Richard Bolles）将技能分为三种类型：知识技能、自我管理技能、可迁移技能（或称通用技能）。

（一）知识技能

知识技能是指那些需要通过教育或者培训才能获得的特别的知识或能力，也就是个人所学习的科目、所懂得的知识。知识技能往往与专业学习或工作内容之间相关，且是不可迁移的技能，必须经过有意识的、专门的培训才能掌握，比如掌握外语、中国古代历史、电脑编程或化学元素周期表等知识。知识技能一般用名词来表示，如机械学、室内装饰、木工、农业等。

（二）自我管理技能

自我管理技能经常被看作个性品质而非技能，因为它们被用来描述或说明人具有的某些特征。它涉及个体在不同的环境下如何管理自己：是勇于创新还是循规蹈矩，是谨慎认真还是敷衍了事，能否在压力下保持镇定，是否对工作有热情，是否有自信，等等。良好的自我管理技能能够帮助个体更好地适应周围的环境，应对工作中出现的问题，因此它也被称为"适应性技能"。大多数适应性技能都用形容词或副词来表达，如勤学、精通、勤勉、坦率、冒险、鼓舞人心、善于表达等。

对于高职生来说，在校期间培养良好的自我管理技能显得尤为重要。实际上，一些人被解雇或离职更多的是因为缺乏自我管理的技能，而不是因为缺乏专业能力（如由于个性上的原因易与他人发生摩擦等）。在用人单位对刚毕业的大学生的意见中，经常听到的就是"缺乏敬业精神，没有服务意识，眼高手低，不认真不踏实，没有主动进取精神"等。

自我管理技能无论是一个人先天具有的还是后天习得的，都需要练习。它们可以从非工作领域迁移转换到工作领域。也就是说，耐心、负责、热情、敏捷这些技能并不是通过专门的课程学习得到的，而是在日常生活中随时随地培养出来的。例如，一位学生在回顾自己的临床实习经历后写道："这段经历为我毕业后进入医院、进入社会做了良好的准备。在实习中，我懂得了工作中不仅要具备丰富的知识，还要具备良好的与人交流、与人合作能力；工作要积极主动，要虚心向同事、前辈请教；要知难而上，不能一遇到困难就放弃；要严格要求自己，不为自己的失职找借口；平时要和同事多交流，和谐相处。”

在学校时，多参加一些社团活动和社会实践，有助于大学生在实际工作中更好地认识自己，了解自己的长处和不足，还可以通过与他人的比较，听取他人的反馈来更恰当地评价自己。

（三）可迁移技能

可迁移技能就是一个人会做的事，比如教学、组织、说服、设计、安装、计算、考察、分析、搜索、决策、维修等。可迁移技能的特征是它们可以从生活中的方方面面，特别是工作之外得到发展，却可以迁移应用到不同的工作中，因此可迁移技能也被称为“通用技能”。基于这样的原因，可迁移技能也是个人最能持续运用和最能够依靠的技能。

可迁移技能就是可迁移的通用技能，是在某一环境条件下获得的，可以有效地迁移应用到其他不同的环境中去的技能。可迁移技能主要在日常生活中获得并不断得到提升，且在许多领域里都可以得到进一步的完善和增强。所有的学生都可以通过正式教学活动或其他活动来发展这些技能。

与知识技能相比，可迁移技能无所谓更新换代，而且无论你的需求和工作环境有什么样的变化，它们都可以得到应用。索尼技术中心会计部经理曾说：“我在聘用一个人时，最为看重的是他的人际沟通能力。这项能力极其重要，因为必须有能力与人交谈才能获得需要的信息……我把 80% 的时间都用在与索尼其他部门打交道上，我的员工也花费大量的时间与本部门之外的人打交道。”

从总体上看，可迁移技能具有可迁移性、普遍性和实用性等特点，可迁移技能具体指以下几种能力：

沟通表达能力。通过口头或书面形式，以及其他适当形式，准确清晰地表达主要意图，与他人进行双向（或者多向）信息传递，以达到相互了解、沟通和影响的能力。

数学运算能力。运用数学工具获取、采集、理解和运算数字符号信息，以解决实际工作中的问题的能力。

创新能力。在前人发现或者发明的基础上，通过自身努力，创造性地提出新的发现、发明或者改进革新方案的能力。

自我提高能力。在学习和工作中自我归纳、总结，找出自己的强项和弱项，扬长避短，不断加以自我调节改进的能力。

与人合作的能力。与他人相互协调配合、相互帮助的能力，包括正确认识自我，尊重与关心别人，能对他人的意见、观点、做法采取正确态度的能力。

解决问题的能力。在工作中把理想、方案、认识转化为操作或工作过程，并最终解决实际问题，实现工作目标的能力。

组织策划能力。计划、决策、指挥、协调、交往的能力。

信息处理能力。运用计算机处理各种形式的信息资源的能力。

外语应用能力。在工作或交往活动中实际运用外语的能力。

学习能力。善于发现并记录，坚持不懈克服困难，继续学习的能力。

管理能力。包括管理自己、信息、他人和任务的能力。

这些对高职生就业和获得自身发展具有重要作用，应努力培养良好的可迁移技能。

三、技能的培养

如果让你说说或者写出你具有的技能，你列出的答案有多长呢？很多人往往会觉得自己掌握的技能是很少的，但是实际情况并非如此。仅仅是从生活经历中，我们就能获得数百种技能。你之所以想不出或者写不出，是因为你从未识别，也没有习惯思考和谈论它们。而一旦你能开始认识到自己的技能，你将发现一个全新的自己。技能是职业发展的基石，因此在职业生涯规划过程中，我们需要不断地挖掘和认清自己具备的职业技能，并要注意培养我们所需的各种技能。

表 2–4 为我们提供了发现自己技能的问题和获取所需技能的途径。

表 2-4 发现技能的问题及获取途径

	发现技能的问题	获取技能的途径
知识技能	你大学学习的是什么专业？ 你的专业课有哪些？ 除了专业课之外，你还选修了哪些课程？ 你参加过哪些相关培训？ 你最近在看什么书？ 篮球的游戏规则是什么？	在校教育 业余辅导、自学相关课程 专业会议、讲座、研讨会 资格认证考试培训 岗前培训、在职教育 业余爱好、娱乐休闲、社团活动、家庭职责
自我管理技能	请用 5 个形容词来描述你的优点。 在老师眼里，你是一个什么样的学生？ 你的同学通常怎么评价你？ 通常你给人留下最深刻的印象会是什么？ 你觉得自己身上最明显的特点是什么？	榜样的力量、认同与练习 观念的多元化 自我认知的提高 意志力的培养 丰富的精神生活 业余爱好、娱乐休闲、社团活动、家庭职责
可迁移技能	你都会做什么？ 你参加过哪些社会实践？ 请用 5 ~ 10 个动词来概述你的工作能力。 你觉得自己最突出的工作能力有哪些？ 哪些能力使你能够胜任这项工作？	参与实践、归纳总结 观察学习、模仿体会 专业训练 实习培训 业余爱好、娱乐休闲、社团活动、家庭职责

四、技能与职业生涯的关系

职业技能对于个人职业生涯的成功至关重要，我们必须要弄清楚自己的技能优势是什么，在自己的优势方向上寻找自己能胜任的职业，才能够保证职业发展的稳定性，增强职业满意度，获得一个持续发展的职业生涯。

（一）职业技能是开启职业生涯的必要条件

任何一个职业岗位都有相应的岗位职责要求，一定的职业技能则是某种职业岗位的必要条件。因此，在进行择业时，首先要明确自己的能力优势以及胜任某种工作的可能性。在条件允许的情况下，可以由专业职业指导人员帮助自己进行分析，根据自己的学历状况、职业资格、职业实践来确定自己的职业能力，必要时可以以心理测试为参考，在基本确定自身职业能力和发展可能性的基础上进行职业选择。

企业关注的是求职者从前做过的，现在能做的，未来可以做的。其工作的理想状态则是可以使用到熟练的、擅长的并且最愿意使用的技能。因此，在你正式准备求职之前，有必要认真地分析自己具有哪些技能，还需要培养哪些技能，才能在未来的求职中脱颖而出。在求职过程中，你应该尽可能向HR表明你具有哪些技能，并提供一些实例加以证明。在你真正进入职场后，则应该发挥你的技能，并在实践中不断提高和发展。

总之，技能是求职者手中的硬通货，所以你要能够识别自己的技能。对自己掌握的技能了解得越多，就越能选择到需要这些技能的工作。而工作中运用这些技能时，你也会驾轻就熟，变得更开心、更高效。

（二）与职业满意度有直接关系

心理学家罗圭斯特（Lofguist）与戴维斯（Dawis）在对个体的工作适应问题进行多年研究后，提出了明尼苏达工作适应论。他们认为，当工作环境能够满足个人的需要时，个人会感到“内在满意”；当个人能够满足工作的要求时，个人能够达到“外在满意”（即令自己的雇主、同事感到满意）。当个人能够同时达到内在和外在满意时，个人与环境之间的关系就比较协调，个人的工作满意度会比较高，在该工作领域也能持久发展。而在对“内在满意”和“外在满意”这两个指标的衡量当中，能力占有很重要的地位。“外在满意”主要可以通过衡量个人职业技能与工作技能要求之间的配合程度来进行评估；而在“内在满意”方面，则主要通过衡量个人价值观与企业文化、奖惩制度之间的适配来评估。我们不难看到：做自己能够胜任的工作，培养和发展自己的能力，发展个人的潜能，常常是个人选择职业时希望能够得到满足的需求。

由此可见，能力与个人的职业满意度、工作适应性以及职业稳定性具有直接的关系。因此，探索发现你自身的技能，是为了便于寻找你适合的职业和工作。

（三）职业技能、职业发展与职业创造间的关系

技能是人的发展和创造的基础，是成功完成某种任务或胜任工作的必不可少的基本因素。没有能力或能力低下，很难达到工作岗位的要求，无法胜任工作。个体的职业技能越强，各种能力越是综合发展，就越能促进个体在职业活动中的创造和发展，就越能取得较好的工作绩效和业绩，就越能给个人带来职业的成就感。

课堂活动

1. 试列出5项你最擅长的知识技能。

______

2. 试着让同学说出你最突出的5项自我管理技能。

______

3. 试列出5项你最有优势的可迁移技能。

______

4. 对以上3个问题的答案进行分析，思考自己哪类技能相对较弱，以及在今后的学习与生活中如何有针对性地补齐短板。

延伸阅读

一般生涯技能

佛罗里达州立大学的生涯档案系统列出了九种能转化到任何工作中的一般基本技能。它们能从一种工作迁移到另一种工作中，或是从一种生活角色迁移到另一种生活角色中。这九种技能是在佛罗里达州立大学职业生涯中心的工作人员、教学人员以及与大学有联系的雇主达成的共识中找出的技能。它们是更为宽泛的技能，而不是诸如工程、护理某个特定专业领域的技能。

这些技能也就是经常出现在简历上的技能，在求职面试中也常被谈到。经理和领导者使用这些一般技能最多，它们都是些什么技能呢？

1. 沟通

沟通技能包括阅读、书写、编辑、倾听、陈述和人际关系等方面的能力。这些技能在工作场所至关重要，因为它们涉及的是人们之间的信息传递。回顾课堂内外强调沟通的项目，或想想将来你可能参与的项目，包括制作学校年鉴，撰写研究报告，为班级写篇随笔；个人所修的课程和接受的技能训练，或其他可能与沟通技能有关的经验。

2. 创造力

创造力包括许多不同领域的技能（例如艺术、文学、机械和社会科学领域）。回顾你创造性地解决问题的经历，并想想有什么独特之处。将来你可以通过什么经验发展创造力呢？

3. 批判性思维

批判性思维包括在某种情境或组织中找出问题，思考问题的复杂性，通过研究搜集证据，评估解决问题的各种方法，最终得出结论或找到解决办法。在寻找解决问题的各种方法时，你需要同时考虑它们的可能性和恰当性。在比较这些途径时，你需要一些衡量标准，这些标准可能来源不同。站好位置，摆明立场，提出解决问题之道是批判性思维的最高宗旨。回顾一下过去你在课堂上或是完成项目时使用批判性思维的情境，再想想将来你能发展这一技能的场合。

4. 领导能力

领导能力是指为团体制定目标并指明方向的能力。当你提出某种计划或方法来达成团体目标时，你已经是一个正式的领导者。这可能包括在某事件上提出建议以使团体采取行动，还包括给其他人委派任务或权力的能力，也包括激励他人的能力。举例来说，作为解决某个特定问题的团体，为阐明团体目标提出问题或是向团体展示说明自己的提议都是领导力。回顾一下你曾经或想要承担领导角色的情境，包括班级中某个小组项目，或某个校园组织，或某个社会组织。

5. 生活管理

生活管理能力包括诸如时间管理这类能力，既指长期的项目、活动的时间管理，也指日常生活的时间管理（例如，完成课程，每周有效地应对工作和学业要求）。生活管理还包括适应变化的能力，个人生活管理还包含管理财务的能力（例如，做预算，评估收入与支出，保留详细的记录）。思考一下过去你展示出生活管理技能的地方，或是将来你如何证明这些技能。

6. 社会责任

社会责任方面的技能包括尊重个体和文化差异，发现他人身上令人钦佩的品质，尤其是那些外表、思想以及个性特征显得非常不同的人，这些都是具有社会责任技能的人的行为。社会责任与良好的公民身份相联系，想要具备这一领域技能可以定期积极参与社区建设活动。回顾一下你参与社区活动的例子。

7. 团队合作

团队合作能力包括在团队中提出某种观点，或是使得团队成员互相合作、彼此协商。有的团队合作行为是指承担与他人一起达到目标的责任。团队合作包括认识自己、他人的优劣势，鼓励团队利用优势，最小化弱点。回顾一下你是某个团队成员并使用团队合作技能的情境。

8. 技术/科学

技术/科学技能与社会科学、生物学和物理学等领域的经验有关。当前最为常见的技术/科学技能是计算机的应用。回顾一下你因为某个项目或活动使用某个软件程序的经历。技术技能包括系统管理（例如，管理数据仓库或网络相关服务），以及为研究及相关活动使用互联网。将来你能寻找何种经验来增强这一领域的技能呢？

9. 研究/项目开发

研究/项目开发技能包括为解决问题发现而寻找信息的技能。在对某个问题进行研究时，个体阅读并评估先前的工作报告或收集新数据并在书面或口头报告中进行总结，以提供新的信息。除研究问题，个体还要为项目提出包含消除问题在内的一系列合理行动措施的计划，也包括关于项目方向以及项目协调配合的计划，以确保在预算内以讲求成本效益的途径达到目标。回顾你曾做过的研究报告，你的上司曾经委派给你的项目，以及你参与的某些机构、俱乐部的服务项目（例如，招募新成员，募集基金）。

任务五　价值观澄清：择业路口的指南针

学习目标

1. 了解什么是价值观以及职业价值观。
2. 学习如何进行价值观澄清。
3. 理解价值观与职业生涯的关系。

案例导入

2002 年，张桂梅作为一名普通的山区教师，立下了这样的誓言：“我想建一所免费的女子高中，让这些山里的女孩们读书，让她们走出大山……”

为了建起这所学校，她曾四处筹款；为了让贫困家庭的女孩走进学校，她一次次翻山越岭，挨家挨户做工作；为了让她们考出好成绩，她每天早上 5 点起，凌晨 1 点才躺下。十几年时间里，上千个可能辍学的贫困女孩，因她走出了大山，走进了大学校门。

一路来，张桂梅不在乎别人的看法，也始终没有放弃梦想，毅然投身深度贫困山区，最终把别人眼中的不可能变成了现实。

张桂梅入选《感动中国》2020 年度人物，颁奖词这样写道：“烂漫的山花中，我们发现你。自然击你以风雪，你报之以歌唱。命运置你于危崖，你馈人间以芬芳。不惧碾作尘，无意苦争春，以怒放的生命，向世界表达倔强。你是崖畔的桂，雪中的梅。”

张桂梅坚守滇西深贫山区教育事业数十年的感人事迹，说明了价值观对一个人职业选择的深刻影响。

一、职业价值观定义

（一）什么是价值观

价值观通过人们的行为取向及对事物的评价、态度反映出来，支配着人们认识世界，明白事物对自己的意义和自我了解、自我定向、自我设计等，指向我们一生中最重要的东西。因此，它也是一套自我激励机制。

马斯洛提出，人有五个层次的需求：生理需求、安全需求、归属需求、尊重需求和自我实现的需求。只有当低层次的需求得到基本满足后，个人才能关注并致力于追求更高一层次的需求。这些需求是强大的内在驱动力，我们所做的事情正是为了满足这些需求。我们的需求在生活中反映出来，就体现为我们的价值观。所以，价值观就是我们在工作和生活中所看重的原则、标准或品质，是个体行为背后的深层动机，对个体的职业选择和发展有重要的激励和影响作用。简言之，价值观就是你在乎的，觉得重要的或是想要追求的，指向我们一生中最重要的东西。

比如，有些学生比较重视工作能带给自己多少收入，而有些学生可能更多地考虑要做自己喜欢的工作。这两者的不同在很大程度上可以归结为他们所处的需求层次不同，前者在生理、安全的层次上，而后者在较低层次的需求已经得到满足的情况下，追求对“归属”“自我尊重”“自我实现”的需要。

图 2-2 标示出了不同层次的需求所对应的价值观：

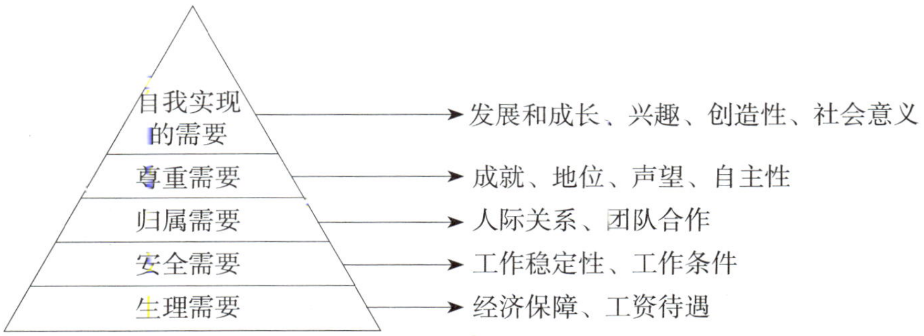

图 2-2　马斯洛的需求层次模型与对应的价值观

价值观是后天形成的，是通过社会化培养起来的。家庭、学校等群体对个人价值观的形成起着关键的作用，其他社会环境也有重要的影响。个人价值观有一个形成过程，是随着知识的增长和生活经验的积累而逐步确立起来的。个人价值观一旦确立，便具有相对的稳定性，是不易改变的。但就社会和群体而言，由于人员的更替和环境的变化，社会或群体的价值观念是在不断变化的。传统价值观会不断地受到新价值观的挑战，这种价值冲突总的趋势是前者逐步让位于后者。价值观的变化是社会改革的前提，又是社会改革的必然结果。

价值观具有以下特点：

第一，价值观取决于人生观和世界观。一个人的价值观是在家庭和社会的影响下逐步形成的，包括父母的价值观、社会的价值观、民族和传统文化、受教育经历以及老师、朋友的影响等。一个人所处的社会生产方式及其所处的经济地位，对其价值观的形成有决定性的影响作用。

第二，价值观具有相对的稳定性和持久性，是人们思想认识的深层基础。也就是说，在特定的时间、地点、条件下，人们对某种事物的看法和评价总是相对稳定和持久的。

第三，价值观在特定的环境下又是可以改变的。由于环境的改变、经验的积累、知识的增长，人们的价值观也会随之改变，这是毋庸置疑的。

（二）什么是职业价值观

个人价值观在职业问题上的反映就是职业价值观。生涯大师舒伯认为，职业价值观是个人追求的与工作有关的目标，即个人在职业上所看重的工作特质或属性。国内专家黄希庭等认为，职业价值观是人们对社会职业的需求表现出来的评价，是人生价值在职业问题上的反映。简言之，职业价值观就是人们对待职业的一种信念和态度，或者在职业生涯中表现出来的一种价值取向，表明了一个人通过工作所要追求的理想是什么，是为了财富，还是为了地位或其他。

由于个人的身心条件、年龄阅历、教育状况、家庭和环境影响以及兴趣爱好的不同，人们对各种职业的主观评价也不同。不同的人由于价值观不同，因而对具体职业和岗位的选择也不同。如有人喜欢同人打交道的职业，有人喜欢同物打交道的职业，有人喜欢充满挑战的职业，有人喜欢安全平稳的职业，等等。不同的人喜欢不同的职业，正是职业价值观的体现。因此，认真分析和了解个人的职业价值观，对正确开展职业生涯规划有重要的意义。

根据不同的划分标准，人们对职业价值观的种类划分也不同。美国心理学家洛特克在其所著的《人类价值观的本质》一书中提出13种价值观：成就感、审美追求、挑战、健康、收入与财富、独立性、爱、家庭与人际关系、道德感、欢乐、权利、安全感、自我成长和社会交往。我国学者阚雅玲将职业价值观分为以下12类：

（1）收入与财富。将薪酬作为选择工作的重要依据。工作的目的或动力主要来源于对收入和财富的追求，并以此改善生活质量，显示自己的身份和地位。

（2）兴趣特长。以自己的兴趣和特长作为选择职业最重要的因素，能够扬长避短、趋利避害、择我所爱、爱我所选，从工作中得到乐趣，得到成就感。在很多时候，会拒绝做自己不喜欢、不擅长的工作。

（3）权力地位。有较高的权力欲望，希望能够影响或控制他人，使他人照着自己的意思去行动。认为有较高的权力地位会受到他人尊重，从中可以得到较强的成就感和满足感。

（4）自由独立。工作有弹性，不受太多的约束，可以充分掌握自己的时间和行动；自由度高，不想与太多人发生工作关系，既不想治人也不想受制于人。

（5）自我成长。工作能够给予受培训和锻炼的机会，使自己的经验与阅历在一定的时间内得以丰富和提高。

（6）自我实现。工作能够提供平台和机会，使自己的专业和能力得以全面运用和施展，实现自身价值。

（7）人际关系。将工作单位的人际关系看得非常重要，渴望能够在一个和谐、友好甚至被关爱的环境下工作。

（8）身心健康。工作能够免于危险、过度劳累，免于焦虑、紧张和恐惧，使自己的身心健康不受影响。

（9）环境舒适。工作环境舒适宜人。

（10）工作稳定。工作相对稳定，不必担心经常出现裁员和辞退现象，免于经常奔波找工作。

（11）社会需要。能够响应社会和组织的号召，以及为社会和组织做出贡献。

（12）追求新意。希望工作的内容经常变换，使工作和生活显得丰富多彩，不单调枯燥。

二、价值观澄清

（一）为什么要进行价值观澄清

价值观无论是在人生还是在职业发展中都起着极其重要的作用，甚至超过了兴趣、性格的影响。价值观是后天形成的，生活中的重要人物，比如父母、同学、师长等人的价值观也会对个人的价值观产生重要的影响。重要的不是去评判这些价值观的对错，而是去考量它们给自己的生活和职业发展带来的影响，并适时做出调整。同时也需要认识到：很少有工作能完全满足一个人所有的价值观。我们总是要不断地做出妥协和放弃，这是不可避免的，也是必要的。只有对自己的价值观进行澄清和排序，才能知道如何取舍。

（二）如何进行价值观澄清

路易斯·拉思斯（Louis Raths）指出价值观澄清需要具备以下基本要素：

（1）珍视

你对一个职业有强烈的感觉并珍惜它吗？你会在公共场合提到这个珍视的职位吗？在必要的时候你会很确定地肯定它吗？

（2）选择

在选择一个职位之前，你是否会考虑其他可能的选择？在选择一个职位之前，你是否会考察一个职位带来的结果？你是否会独立于外界的压力选择一个职位，并保持感受、思考和行动的一致？

（3）行动

你会用行动来支持你的感受和信念吗？你是否始终如一地根据你的感受和信念来行动？

回答这些问题的过程就是价值澄清的过程。针对一个职位，如果你能对上述所有问题给出一个肯定的答案，那么你可以确定它是有价值的。

价值澄清需要时间和精力，在这一过程中提出的问题是开放的，没有对错之分。价值观是高度个体化的，个体化的价值观所组成的感受、信念、行为都是有价值的。

为了帮助你发现自己真实的价值观，请回想一下过去一两个月内你做出的五个相对重要的决定。比如：你是如何运用自己的时间、精力和金钱的？你希望如何运用它们，而实际上又把它们花在了什么方面？（如果必要，你也可以从现在开始每天对此进行记录，在一周之后再进行回顾，以便得出更准确的结果。）你喜欢和什么样的人相处？你做了一些什么样的事情？在一些举棋不定的事情上，你最终做出了什么样的选择？

当你回顾这些决定时，在你的脑海中是否浮现出来许多生活片段？这样的生活形态是你想要的吗？如果答案是肯定的，那么意味着你找到了自己的价值观；如果答案是否定的，那就要考虑一下你是否要调整自己的选择，以求符合自己所选择的价值观呢？还是说那些反映在你行动中的价值观取向其实才是你真正相信的?

对职业价值的澄清是一项需要投入精力的任务。它意味着需要在工作和生活经验的深井里进行挖掘；它意味着对多年以来我们感觉好和不好的工作环境和角色进行排序；它意味着让关于工作和生活的希望和梦想浮出水面，相信它们是正确的，是可以获取的；它意味着准备好按照从这种反省中获得的领悟来行动。

价值澄清过程有助于你发现自己真实的价值观，帮助你做出明智的职业选择，再次确认你是谁。当你依照自己真实的价值观行动时，你会感受到更加深刻的满足感。

三、价值观与职业生涯的关系

在我们为自己做职业生涯规划之前，一定要清楚和明确自己的价值观和职业价值观。价值观和职业价值观决定了哪些因素对你来说是重要的，哪些是不重要的；哪些是你优先考虑和选择的，哪些不是。

对自己的价值观，特别是职业价值观进行分析时，可以参照学者们所提出的价值观类型，看自己到底属于哪一种。其实，我们可以把不同职业价值观的内容加以归结，根据他们所体现的主要方面，来确定自己的职业价值观中最主要的因素是什么。

职业价值观是一个复杂的多维度的心理因素，对职业的选择和衡量有多种要素的参与，但各要素所起的作用是不同的。目前许多调查显示，大学生的职业价值观越来越重视发展因素，而对声望因素的重视程度则因人而异，差别较大。

在职业价值分析和测定过程中，个人必须处理好职业价值观不同要素之间的关系，并根据不同时期、不同情况明确自己的职业核心需求，以便合理地制订自己的职业生涯规划和相关策略。

当人们按照自己的价值观生活时，会得到最大程度的满足感。一个人越清楚自己的价值观，越了解自己在工作和生活中想要寻求什么，什么对自己来说是最重要的，生涯发展目标也就越清晰。

课堂活动

职业价值观测试

测试目的：通过该测试，了解个人的职业价值观，为今后择业指明一定的方向。

测试说明：本测试任务共有40个栏目，代表10种职业价值观，每个栏目需根据自身实际的愿望或要求进行衡量。为了便于统计分析，请将分值填入表中对应的题号后，将得分分别相加，得出不同职业价值观的总分。评分标准为：非常符合——5分，比较符合——4分，基本符合——3分，不太符合——2分，非常不符——1分。

1. 在工作中你能接触到各种不同的人。

2. 你的工作赋予你高于别人的权力。

3. 你的工作时间比较弹性。

4. 只要努力，你的工资会高于其他同龄的人，或升职、提薪的可能性比其他工作大得多。

5. 你的工作能为社会福利带来看得见的效果。

6. 你的工资奖金很高。

7. 你工作单位的同事和领导人品较好，相处比较随意。

8. 你能在你的工作中自由发挥你的才能。

9. 在别人的眼中，你的工作是很重要的。

10. 你的工作在体力上比较轻松，在精神上也不紧张。

11. 你的同学、朋友都非常羡慕你的工作。

12. 你的工作成果常常能得到上级、同事或社会的肯定。

13. 你的工作使你感觉到你是团体中的一分子。

14. 无论你干好干坏，你总能和大多数人一样晋级和加工资。

15. 你的工作使你很有成就感。

16. 你的工作有可能结识各行各业的知名人物。

17. 在工作中，你的新想法总能得到实现。

18. 在工作中，你不会因为身体或能力等因素被人瞧不起。

19. 你在工作时需要组织和计划别人的工作。

20. 在工作中，你不必担心会因为所做的事情使领导不满意而受到训斥或经济惩罚。

21. 你能从工作的成果中知道自己做得不错。

22. 你的工作需要经常出差，参加各种集合或活动。

23. 你从事的工作，经常在报刊、电视中被提到，因而你在人们的心目中很有地位。

24. 只要你干上这份工作，就不会再调到其他意想不到的单位或工种上去。

25. 在你的工作中，不会有人常来打扰你。

26. 你的工作可以使你获得较多的额外收入，比如常发实物，常可以购买打折的食品，常发购货券或有机会购买进口货等。

27. 你的工作要求你把一切事情管理得井井有条。

28. 你的工作单位有舒适的休息室、更衣室、浴室及其他设备。

29. 你的工作有数量可观的夜班费、加班费、保健费或营养费等。

30. 在工作中，你和同事都能建立良好的关系。

31. 你的工作使你常常能帮助别人。

32. 你的作风使你被别人尊重。

33. 你的工作会使许多人认识你。

34. 在工作中，你为他人服务，使他人感到满意，你自己也就感到高兴。

35. 在工作中，你是不受别人差遣的。

36. 在工作中，你能和领导融洽地相处。

37. 你可以看见你努力工作的结果。

38. 经常有人由于你的工作来感谢你。

39. 你的工作场所很好，比如有舒适的灯光，安静、整洁的环境，以及敞亮的工作空间等。

40. 在工作中，你是一个负责人，虽然可能只领导少数几个人，你也很乐意，你相信“宁做兵头，不做将尾”的俗语。

表 2-5 职业价值观测试得分表

职业价值观类型	对应题号及得分	合计得分
高收入	4（ ）6（ ）26（ ）29（ ）	
社会声望	9（ ）11（ ）23（ ）32（ ）	
独立性	8（ ）17（ ）25（ ）35（ ）	
奉献性	5（ ）31（ ）34（ ）38（ ）	
稳定性	14（ ）18（ ）20（ ）24（ ）	
多样性	1（ ）22（ ）16（ ）33（ ）	
领导性	2（ ）19（ ）27（ ）40（ ）	
成就感	12（ ）15（ ）21（ ）37（ ）	
舒适性	3（ ）10（ ）28（ ）39（ ）	
人际关系	7（ ）13（ ）30（ ）36（ ）	
得分最高的 3 项		

测试总结：从得分最高的 3 项中可以看出个人的喜好，从而可以得出职业价值观倾向，在择业时可以考虑这些倾向。如果倾向于多样性和高收入，营销工作就是一个不错的选择；如果倾向于帮助他人而不太看重收入，教师这个职业就是一个很好的选择。一个人的价值观在选择职业时起着重要的作用，只有客观地认识它，才能在就业时做出合理的选择。

拓展阅读

问题一：我发现自己的性格类型不适合现在所学专业，是否意味着我很难在所学专业上取得成功？

职业指导专家：不一定。我们了解自己的性格更重要是看到自己行为、做事的特点，它并不是评价是否成功的标准。人有适应环境的能力，即使这一专业非常不适合你，只要努力，也有可能取得成功，只是你需要花费更多的精力，获得快乐的可能性会少些而已。其实，一个专业对应的工作种类很多，即使是同一份工作，其实对性格类型也没有那么绝对的要求。性格只是自我探索的一部分，最终确定个人未来发展方向需要结合后面的兴趣、能力等综合考虑。所以，了解性格类型可以让我们更认同自己在职业上的自我，发现更适合自己的工作或学习方法，为自己创造良好的工作、学习环境。

问题二：我好像没有什么兴趣，不知道自己到底喜欢什么，怎么办？

职业指导专家：每个人都会有自己的喜好。也许你只是压抑得太久了，太习惯于听从别人的意见，而忽略了自己内心的感受。你需要学会尊重自己的独特性，学会聆听自己的心声，慢慢地你会发现原来你是有自己的观点和感受的。另外，也有可能由于沉重的课业负担使你还没来得及发展和培养自己的兴趣，需要你在实践中探索。

问题三：我是一个普通的大学生，学的专业很一般，成绩不出色，也没有什么特长，感觉自己的能力非常不足，缺乏很多技能，觉得自己在就业市场上没有什么竞争力。一想到找工作，我就犯怵，该怎么办呢？

职业指导专家：你说的这种感觉很普遍，造成这种情况的原因是我们在日常生活和学习中并不了解能力包括哪些方面，对自己也没有一个清晰的认识。从孩提时代开始，我们就在不断地学习，这其中既有对知识技能的学习，也有自我管理技能和可迁移技能的培养。我们每个人的成长背景和学习经验都是独一无二的，因此我们的技能组合是独特的，而这份独特就是我们的核心竞争力。我们需要花时间了解自己，不仅要看到自己明显的技能，如知识技能，而且要看到自己那些不易察觉的知识、特点和擅长做的事情，并加以重视。全面盘点和澄清自己的技能之后，很有可能会惊讶自己竟然已经掌握了那么多的技能。

项目三 深度理解职业

任务一 职业：创造人生价值的舞台

学习目标

1. 理解职业的定义、职业的特征以及职业的功能。
2. 学习了解国内外的职业分类法。

一、职业概述

（一）职业的定义

职业是人们在社会中所从事的作为谋生手段的工作。从社会角度看，职业是劳动者获得的社会角色，劳动者为社会承担一定的义务和责任，并获得相应的报酬；从国民经济活动所需要的人力资源角度来看，职业是指不同性质、不同内容、不同形式、不同操作的专门劳动岗位。职业是人们生活方式、经济状况、文化水平、行为模式、思想情操的综合反映，也是一个人权利、义务和责任的具体体现，是一个人社会地位的一般性表征。

总之，职业是人们利用专门的知识和技能，参与创造财富的社会分工，并获取合理报酬，满足自身物质生活和精神需求的一种社会工作类别，通常由名称、内容、要求、报酬等要素组成。

（二）职业的特征

1. 社会性

职业是社会发展到一定的阶段后随着社会分工而逐渐产生的。没有社会分工就没有职业。任何职业都不是孤立的，都是与其他职业及其系统紧密相连的。人们在不同的职业岗位上从事职业活动都是参与社会活动的过程。这就使得职业具有与生俱来的社会性，是社会的重要组成部分。

2. 经济性

职业的经济性是人们在赖以谋生的劳动过程中所具有的逐利性一面。职业活动既满足职业者自己的生活需要，同时也满足社会的发展需要。只有把职业的个人功利性与社会功利性结合起来，职业活动及其职业生涯才具有生命力和意义。

3. 专门性与技术性

任何职业都是不断发展和完善的，专业化程度要求越来越高。其中，技术含量和技术规范的要求也越来越高，这就要求社会分工越来越专门化和技术化。因此，职业的专门性和技术性也更加凸显。

4. 时代性

职业随着时代的变化而变化，社会生产力的发展是职业发展的基础，社会需求是职业发展的直接动力。在当今社会需求加大的推动下，新兴的职业不断产生，对应的过时的职业逐渐萎缩直至消亡。比如电话、传真、电脑网络等现代通信工具的发展，使得电报员、电报投递员等职业几乎销声匿迹。

5. 发展性

职业的发展性是强调职业对于人自身的发展体现出的价值，人通过将自己的智慧和精力奉献给所从事的事业，使自己的人生价值得以体现。可以说，职业是人发展的舞台，任何人的发展都离不开职业。人的不断发展和进步，也正是职业对其提出的新要求，我们必须不断适应社会的快速发展。

6. 规范性

职业的规范性应该包含两层含义：一是指职业内部的规范操作要求，二是指职业道德的规范要求。不同的职业在其劳动过程中都有一定的操作规范性，这是保证职业活动的专业性要求。不同职业在对外展现其服务时，还存在一个伦理范畴的规范性，即职业道德。这两种规范性构成了职业规范的内涵与外延。

（三）职业的功能

职业生活在人们社会生活中是居首要地位的活动，解决好职业问题对人的一生发展具有重大的意义。

1. 职业对个人的意义

（1）职业是个人获得经济收入的来源，是个人维持生活的手段。蔡元培先生说："凡人不可以无职业，何则？无职业者，不足以自存也。"对个体来讲，生存是第一位的，先有生存才有成功。工作能够获得报酬，可以换来我们生活所需要的各种必需品——食物、衣服、住房、交通工具等，从而满足人们生活的需要。对于大多数人来说，职业角色还是其他所有角色的基础和前提，只有把工作做好，才有可能去建立家庭，养育孩子，才有可能去娱乐、休闲，才有可能去履行一个公民的使命。

（2）职业是促进个性发展的手段。个体从事一定的职业会促进个体相关方面兴趣的培养和个性发展，促使个体不断完善自身，促进个性发展。当个人从事的职业能使个人的特长、兴趣得到充分发挥时，也就促进了个性的充分发展。

（3）职业可以帮助人们建立人际关系，赢得尊重。工作能够扩大个人的生活圈子，建立更为广泛的人际交往。工作环境是人们在家庭外最重要的人际交往环境，也是人们发展友谊、情感最重要的场所之一。所谓"志同道合"，就是指人们选择相同的职业，在共同的追求中发展出稳定、坚固的友谊。

（4）职业是满足个人获取幸福感、满足感和成就感的重要途径。在做自己喜欢的工作时，人们常常会忘记时间，忘记周围的一切，全身心沉浸在工作中，甚至达到忘我的感觉。积极心理学家米哈伊认为："人们感到最为愉快和满足的时候，不是在很放松、什么事也不做（如看电视）的时候，而是专心致志、积极参与某项活动，以至于忘记了时空和自己的时候。这时，人们不考虑事情的回报也不担心自己的表现，只是忘情投入，享受过程中的快乐。"

（5）职业能够改变人的生活方式。生活方式是一个内容相当广泛的概念，包括人们的衣、食、住、行、劳动工作、休闲娱乐、社会交往、待人接物等物质生活和精神生活的价值观、道德观、审美观，以及与这些方式相关的方面。

（6）职业是个人在社会劳动中从事具体劳动的体现，是个人贡献社会的途径，是劳动者创造人生价值的舞台。由于职业分工的不同，从事不同职业的人对社会承担的责任大小也就不同，这对于一个人人生道路的选择及生活目标的确立有着直接的影响。

2. 职业对社会的意义

（1）职业的存在和职业活动构成了人类社会的存在和社会活动。

（2）职业劳动创造出社会财富，从而为社会的存在和发展奠定物质基础。

（3）职业的分工是构成社会经济制度运行的主体。

（4）职业是维持社会稳定，实现社会控制的手段。

（5）职业的发展如职业结构的变化、职业层次间矛盾的解决也是推动社会进步的一种动力。

二、职业的分类

职业分类是指按一定的规则、标准及方法，按照职业的性质和特点，把一般特征和本质特征相同或相似的社会职业，统一归纳到一定类别系统中去的过程。世界上经济发达国家都非常重视职业分类问题的研究，它是一个国家形成产业结构概念和进行产业结构、产业组织及产业政策研究的基础，同时也是对劳动者及其劳动进行分类管理、分级管理及系统管理的需要。

（一）国外分类法

根据西方国家的一些学者提出的理论，国外一般有三种分类方法：

1. 按脑力劳动和体力劳动的性质、层次进行分类。这种分类方法把工作人员划分为白领工作人员和蓝领工作人员两大类。白领工作人员包括专业性和技术性的工人、农场以外的经理和行政管理人员、销售人员、办公室人员等。蓝领工作人员包括手工艺及类似的工人、非运输性的技工、运输装置机工人、农场以外的工人、服务性行业工人等。这种分类方法明显地表现出职业的等级性。

2. 按心理的个别差异进行分类。这种分类方法根据美国著名的职业指导专家霍兰德创立的“人格—职业”类型匹配理论，把人格类型划分为六种，即实际型、调研型、艺术型、社会型、企业型和常规型，与其相对应的是六种职业类型。

3. 依据各个职业的主要职责或从事的工作进行分类。这种分类方法较为普遍，以两种代表示例。其一是国际标准职业分类。国际标准职业分类把职业由粗至细分为 8 个大类、83 个小类、284 个细类、1506 个职业项目，总共列出职业 1881 个。其中 8 个大类是：① 专家、技术人员及有关工作者；② 政府官员和企业经理；③ 事务工作者和有关工作者；④ 销售工作者；⑤ 服务工作者；⑥ 农业、牧业、林业工作者及渔民、猎人；⑦ 生产和有关工作者、运输设备操作者和劳动者；⑧ 不能按职业分类的劳动者。这种分类方法便于提高国际职业统计资料的可比性和国际交流。其二是加拿大《职业岗位分类词典》的分类。它把分属于国民经济主要行业的职业划分为 23 个主类，主类下分 81 个子类、489 个细类、7200 多个职业。此种分类对每种职业都有定义，逐一说明了各种职业的内容及对从业人员在普通教育程度、职业培训、能力倾向、兴趣、性格以及体质等方面的要求，有较大的参考价值。

（二）国内分类法

2010年底，人力资源和社会保障部会同国家质检总局、国家统计局牵头成立了国家职业分类大典修订工作委员会及专家委员会，启动修订工作，历时5年，七易其稿，形成了会议审议通过的新版《中华人民共和国职业分类大典》。

2015版《中华人民共和国职业分类大典》将职业分为8个大类、75个中类、434个小类、1481个职业。与1999版相比，维持8个大类、增加9个中类和21个小类，减少547个职业。

3-1　我国《职业分类大典》的大类、中类二级目录

第一大类：国家机关、党群组织、企业、事业单位负责人	1-1　中国共产党中央委员会和地方各级地方党组织负责人 1-2　国家机关及其工作机构负责人 1-3　民主党派和社会团体及其工作机构负责人 1-4　事业单位负责人 1-5　企业负责人
第二大类：专业技术人员	2-1　科学研究人员 2-2　工程技术人员 2-3　农业技术人员 2-4　飞机和船舶技术人员 2-5　卫生专业技术人员 2-6　经济业务人员 2-7　金融业务人员 2-8　法律专业人员 2-9　教学人员 2-10　文学艺术工作人员 2-11　体育工作人员 2-12　新闻出版、文化工作人员 2-13　宗教职业者 2-14　其他专业技术人员
第三大类：办事人员和有关人员	3-1　行政办公人员 3-2　安全保卫和消防人员 3-3　邮政和电信业务人员
第四大类：商业、服务业人员	4-1　购销人员 4-2　仓储人员 4-3　餐饮服务人员 4-4　饭店、旅游及健身娱乐场所服务人员 4-5　运输服务人员

续表

	4-6 医疗卫生辅助服务人员 4-7 社会服务和居民生活服务人员 4-8 其他商业、服务业人员
第五大类：农、林、牧、渔、水利业生产人员	5-1 种植业生产人员 5-2 林业生产及野生动植物保护人员 5-3 畜牧业生产人员 5-4 渔业生产人员 5-5 水利设施管理养护人员 5-6 其他农、林、收、渔、水利业生产人员
第六大类：生产、运输设备操作人员及有关人员	6-1 勘测及矿物开采人员 6-2 金属冶炼、轧制人员 6-3 化工产品生产人员 6-4 机械制造加工人员 6-5 机电产品装配人员 6-6 机械设备修理人员 6-7 电力设备安装、运行、检修及供电人员 6-8 电子元器件与设备制造、装配调试及维修人员 6-9 橡胶和塑料制品生产人员 6-10 纺织、针织、印染人员 6-11 裁剪缝纫和皮革、毛皮制品加工制作人员 6-12 粮油、食品、饮料生产加工及饲料生产加工人员 6-13 烟草及其制品加工人员 6-14 药品生产人员 6-15 木材制品加工制作人员 6-16 制浆、造纸和纸制品生产加工人员 6-17 建筑材料生产加工人员 6-18 玻璃、陶瓷、搪瓷及制品生产加工人员 6-19 广播影视制品制作播放及文物保护作业人员 6-20 印刷人员 6-21 工艺美术品制作人员 6-22 文化教育体育用品制作人员 6-23 工程施工人员 6-24 运输人员 6-25 环境监测与废物处理人员 6-26 检验、计量人员 6-27 其他生产、运输设备操作人员及有关人员
第七大类：军人	7-00 军人
第八大类：不便分类的其他从业人员	8-00 不便分类的其他从业人员

延伸阅读

新职业（工种）来了，有你想从事的吗？

2021年5月，为助力新冠肺炎疫情防控，促进劳动者就业创业，根据《中华人民共和国劳动法》有关规定，受人力资源部委托，中国就业培训技术指导中心公示了新形势下拟发布的新职业、新工种及调整的职业（工种）。快来看看是否有你心仪的职业。

其中拟新增的职业有以下10个：

（一）区块链工程技术人员

定义：从事区块链架构设计、底层技术、系统应用、系统测试、系统部署、运行维护的工程技术人员。

主要工作任务：

1. 分析、研究分布式账本、非对称加密、共识机制、智能合约等技术；
2. 设计区块链平台架构，编写区块链技术报告；
3. 设计、开发区块链系统应用底层技术方案；
4. 设计、开发区块链性能评测指标及工具；
5. 处理区块链系统应用过程中的部署、调试、运行管理等问题；
6. 提供区块链技术咨询及服务。

（二）社区网格员

定义：运用现代城市网络化管理技术，巡查、核实、上报、处置市政工程（公用）设施、市容环境、社会管理事务等方面的问题，并对相关信息进行采集、分析、处置的人员。

主要工作任务：

1. 操作信息采集设备，巡查、发现网格内市政工程（公用）设施、市容环境、社会管理事务等方面的问题，受理相关群众举报；
2. 操作系统平台对发现或群众举报的网格内市政工程（公用）设施、市容环境、社会管理事务等方面的问题进行核实、上报、记录；
3. 研究网格内市政工程（公用）设施、市容环境、社会管理事务等方面问题的立案事宜，提出处置方案；

4. 负责通知问题相关的责任单位，并协助解决问题；

5. 核实上级通报的问题，协助责任单位处置，并反馈处置结果；

6. 收集、整理、分析相关信息、数据，提出网格内城市治理优化建议。

（三）互联网营销师

定义：在数字化信息平台上，运用网络的交互性与传播公信力，对企业产品进行多平台营销推广的人员。

主要工作任务：

1. 研究数字化平台的用户定位和运营方式；

2. 接受企业委托，对企业资质和产品质量等信息进行审核；

3. 选定相关产品，设计策划营销方案，制定佣金结算方式；

4. 搭建数字化营销场景，通过直播或短视频等形式对产品进行多平台营销推广；

5. 提升自身传播影响力，加强用户群体活跃度，促进产品从关注到购买的转化率；

6. 签订销售订单，结算销售货款；

7. 负责协调产品的售后服务；

8. 采集分析销售数据，对企业或产品提出优化性建议。

本职业包含但不限于下列工种：

直播销售员。

（四）信息安全测试员

定义：通过对评测目标的网络和系统进行渗透测试，发现安全问题并提出改进建议，使网络和系统免受恶意攻击的人员。

主要工作任务：

1. 分析研究网络与信息系统安全攻防技术，并跟踪其发展变化；

2. 利用信息收集工具及技术手段，采集并分析评测目标的相关信息；

3. 制定评测目标的安全测试方案及实施计划；

4. 利用漏洞检测工具定位、识别评测目标存在的安全漏洞，并进行技术核查与评估；

5. 利用渗透工具对评测目标进行深度测试，验证安全漏洞引发的网络与系统安全隐患；

6. 编制安全评测报告，协助专业人员对评测目标进行安全恢复及技术改进。

（五）区块链应用操作员

定义：运用区块链技术及工具，从事政务、金融、医疗、教育、养老等场景系统应用操作的人员。

主要工作任务：

1. 分析、研究在区块链应用场景下的用户需求；

2. 设计系统应用的方案、流程、模型等；

3. 运用相关应用开发框架协助完成系统开发；

4. 测试系统的功能、安全、稳定性等；

5. 操作区块链服务平台上的系统应用；

6. 负责系统应用的监控、运维工作；

7. 收集、汇总系统应用操作中的问题。

（六）核酸检测员

定义：使用仪器和试剂，对核酸样品进行管理、提取、检测并出具相应检测报告的人员。

主要工作任务：

1. 负责样品的入库、存放和出库；

2. 提取、纯化核糖核酸或脱氧核糖核酸；

3. 对提取后的核酸进行实时荧光定量聚合酶链式反应检测；

4. 构建文库，并根据测序标准进行文库质量的检测与鉴定；

5. 使用高通量测序仪对核酸文库进行碱基序列的测定；

6. 分析高通量测序仪得出的数据并出具报告；

7. 对高速冷冻离心机、恒温震荡器、移液器等仪器进行日常清洁、维护和管理；

8. 配置、存放和管理核酸提取试剂、建库试剂和测序试剂。

（七）在线学习服务师

定义：运用数字化学习平台（工具），为学习者提供个性、精准、及时、有效的学习规划、学习指导、支持服务和评价反馈的人员。

主要工作任务：

1. 对学习者进行学情分析，提出针对性的学习规划和学习建议；

2. 为学习者提供全方位、全周期的个性化指导、支持和课程管理服务，解决学习者学习过程中的技术、内容、方法等问题；

3. 负责在线学习的班级管理，为学习者建立和维护在线交互社群，激发学习者的学习动机，提高学习兴趣；

4. 运用分析和评价工具对学习者的学习活动和学习成果进行综合评价并及时反馈；

5. 根据学习者体验，对学习平台、学习工具、学习资源等提出优化建议。

（八）社群健康助理员

定义：运用卫生健康及互联网知识技能，从事社群健康档案管理、宣教培训、就诊、保健咨询、代理、陪护及公共卫生事件事务处理的人员。

主要工作内容：

1. 运用互联网共享卫生健康资源，提供健康咨询、培训、代理、监护及网约就诊、保健等服务；

2. 为社群成员建立健康档案，采集、上报健康风险因素及公共卫生健康信息；

3. 为社群成员提供健康探访、体检、就诊、转诊等代理或陪护服务；

4. 为患者提供预约挂号、缴费、取药、办理住院手续等协助服务；

5. 为有养生、体检、心理咨询等健康需求的社群成员推荐机构及技师，提供预约、出行陪护及接送等服务；

6. 开展社群卫生健康防护，提供消毒、清洁、送药、看护等防疫及生活保障服务，协助相关物资的登记、统计、购置、发放等工作；

7. 利用互联网技术参与公共卫生事件的健康预警、监视。

（九）老年健康评估师

定义：为有需求的老年人提供生活活动能力、认知能力、精神状态等健康状况测量和健康照护需求评估的人员。

主要工作任务：

1. 采集、记录老年人的基本信息和健康状况；

2. 评估老年人日常生活活动能力；

3. 测量与评估老年人认知能力、精神状态、感知觉与沟通能力、社会参与能力；

4. 依据测量与评估结果，确定老年人能力等级和健康照护需求；

5. 出具老年人能力综合评估和健康照护需求报告；

6. 提供老年人能力恢复和健康照护建议。

（十）增材制造（3D 打印）设备操作员

定义：从事增材制造设备安装、调试、维修和保养，及生产操作和运行管理的人员。

主要工作任务：

1. 安装、调试增材制造设备；

2. 操作增材制造设备进行生产，负责增材制造设备的运行管理；

3. 负责增材制造设备的故障排查、设备维修及保养；

4. 为客户提供设备操作和日常保养培训；

5. 协助客户解决设备常见问题，并收集客户反馈意见建议；

6. 分析研究增材制造设备生产过程中的技术问题。

除了以上 10 个拟新增的职业，公示还提到了拟新增的 8 个工种：

（一）在“心理咨询师”职业下增设“心理干预指导师”工种。

（二）在“互联网营销师”职业下增设“直播销售员”工种。

（三）在“道路客运汽车驾驶员”职业下增设“汽车代驾员”工种。

（四）在“网络与信息安全管理员”职业下增设“互联网信息审核员”工种。

（五）在“银行信贷员”职业下增设“小微信贷员”工种。

（六）在“企业人力资源管理师”职业下增设“劳务派遣管理员”工种。

（七）在“保健调理师”职业下增设“中医健康管理师”工种。

（八）在“壁画制作工”职业下增设“泥板画创作员”工种。

从以上公示可以明显看出，此次拟新增的职业（工种）中，大部分与当下新兴的技术有关，比如区块链、信息安全、3D打印等；也有早已存在现在被官方正式认定的职业（工种），比如直播销售员、汽车代驾员、小微信贷员等。当然，在新冠疫情防疫的重要时期，也催生了一种新的职业：核酸检测员。由此可以看出，职业发展一直在更新迭代，与时俱进。

任务二 职业发展趋势：与时代同频共振

学习目标

了解当前职业发展趋势，有意识地将职业的发展变化纳入自己的职业生涯规划。

案例导入

2021年6月18日，中国传媒大学动画与数字艺术学院数字媒体艺术（数字娱乐方向）专业的毕业设计展迎来了最后一天。这意味着，这些被称为首批“电竞专业”的2017届本科生距离真正毕业只差一个典礼了。

2021年毕业的动画与数字艺术学院本科生周新宇和大多数人一样，对“电竞专业”的了解始于对游戏的兴趣。他起初也认为，这个专业的核心就是打游戏，还能多接触一些游戏主播、电竞选手。不过，入学之后，这种想法很快有了变化。他上课后才发现这个专业的涵盖面比较广，不仅有与游戏赛事运营相关的学习，还有与游戏策划相关的学习。

数字媒体艺术（数字娱乐方向）专业的学生要学的课程包括赛事策划、赛事运营、游戏引擎、三维美术、经典游戏分析、高等数学、线性代数等，不仅有和制作游戏有关的内容，也有偏管理、策划类的知识，大家关注的直转播、赛事运营等也要学。在课外，他们还需要涉猎《美的历程》《乡土中国》《文艺心理学》《哲学简史》等社科类书籍，以此来提升美学素养。除此之外，学生们还要主动去了解整个产业链。

周新宇渐渐开始了解，电子竞技是一个泛产业化的概念，除了备受年轻人关注的赛事运营相关产业，还有游戏设备厂商、游戏制作等更广泛的产业领域。其中的每一环，都有着远超外行人想象的复杂度。

以周新宇和同学合作完成的毕业设计作品为例，这是一款文字解谜剧情的游戏，负责前期剧情设计的同学花费了几个月的时间撰写和修改故事，最终定稿的剧本有 5 万多字；此外，负责游戏美术的同学要完成人物形象设计、游戏场景搭建等工作，而周新宇则要使用引擎工具将整个游戏搭建出来。

2021 年毕业的首批 20 名数字媒体艺术（数字娱乐方向）专业本科生，有一半在互联网大厂从事游戏策划工作，另一半则选择在游戏相关领域继续深造。周新宇也即将成为一名研究生，他未来的职业规划是做程序相关的工作。

作为新兴专业的首批毕业生，周新宇主动探索未来的职业环境，并在日常学习和实践中有目的地介入，从容应对崭新的未来。

一、职业发展趋势分析

21 世纪人类社会已进入知识经济时代，产业结构、行业结构、社会结构以及由此影响的职业结构发生了巨大的变化，职业越来越向高科技化、智能化、专业化方向发展，越来越呈现出以下几个特点：

（一）职业要求不断更新

随着产业结构和行业结构变迁速度的逐渐加快，许多新的工作设备产生，工作条件也发生了变化，对一些职业的内容有了新的要求。如对行政工作人员，在以前只要求具备较好的组织协调能力、分析问题和解决问题的能力、文字能力、口头表达能力等，但现在除要求他们具备上述能力外，还要求具备社会交往、计算机辅助管理及办公自动化操作能力等。

面向第三产业类的职业及与高新技术有关的职业变化更快。随着社会的发展，以服务为主的第三产业类职业得到全面发展，在产业结构中的比重有很大提高。在国家产业发展政策的指导和调控下，随着产业内部、行业结构与区域分布的调整和优化，社会经济呈现出以市场服务、科技服务、公共服务等现代服务业为重点的发展趋势。相应的职业必将不断扩大规模，越来越发达。科技突飞猛进，高技术产业、高效益产业、轻型产业、洁净型产业的比重越来越大。大量新技术、新工艺、新设备被运用到各产业领域，也必将带动相关职业的发展，形成与市场服务需求相适应的职业体系。

脑力劳动职位在社会职位总额中所占比重越来越大。我国已步入知识经济和全球贸易时代，科学技术和社会经济的紧密结合将主导人类社会进步与发展的方向和潮流。各种就业岗位需要更多受过良好教育、掌握最新技术的技术工人，单纯体力劳动或机械操作职业明显减少，脑力劳动职位在社会职位总额中所占比重越来越大。

（二）传统职业的调整和变化

随着产业的不断发展，社会分工越来越细，专业化程度也越来越高，传统职业被分解和细化为更多高度专业化的现代职业。如传统的财务工作，现在已经变化为包括会计、资产评估、精算、税务、投资、理财诸多职业在内的职业群落。

（三）职业标准化程度进一步提高

随着科学技术的迅猛发展，职业分工的日益精细，职业内容的不断更新和人类需求层次的提升，各行各业对从业者的知识结构和职业技能要求越来越高。从业者除了要具备专业化和复合化的知识技能外，还需具备现代观念和意识，如合作、创新等。

二、热门职业变迁史

1919 年，新文化运动兴起，国人由此开始打开眼界，并萌生出十分强烈的求知欲望，“先生”这个职业便是当时最热门的职业。“先生”并非指对男性的尊称，而是泛指教师群体。1929年，国内处于一个相对稳定的时期，虽然民族工业尚不具备完整的独立研发能力，但国民经济近现代化的过程开始与世界接轨。制造业开始兴起，于是机械师成为当时的热门职业。1939年，人们生活颠沛流离，稳定成为时代的奢侈品。如果此时你的工作是在租界的洋行，不仅可以保障你的人身安全，且有较好的经济收入，因此，此阶段洋行职员是十分热门的职业。新中国成立之初，工业建设成为经济建设的重中之重，因此技术工人是当时最为热门的职业，是最早过上“楼上楼下电灯电话”生活的一批人。改革开放之后，经济开始飞速发展，更多的人开始选择下海经商，因此个体户成为此阶段的热门职业。20世纪初，比尔·盖茨的故事鼓励了很多人，IT相关职业成为热门。2014年开始，创业成为职业领域的热门词汇。2015年，李克强总理提出“大众创业、万众创新”，国家也出台了一系列政策鼓励创业。2019年开始，随着微博和微信等自媒体的兴起，网红、大V、意见领袖等成为一个社会和经济现象。

从以上热门职业的变迁过程可以看出，热门职业与国家的政治环境、经济发展水平是紧密相连的。因此，高职生在考虑自己的职业发展时，务必将个人的职业生涯发展与国家发展的命运紧密相连。

探索与思考

1. 了解下你的目标行业近几年出现的新趋势。

2. 当前，比较热门的职业有哪些？与你的同伴一起讨论，这些热门职业和你专业的相关性。

任务三 认清职业环境：打开职业世界的全景地图

学习目标

从行业环境、企业环境、岗位环境三个方面进行职业环境探索。

案例导入

2018 年，非洲猪瘟传入中国，国内猪的数量急剧减少，猪肉价格随之猛涨。养猪企业纷纷扩大养殖规模，扩建新场，并且为了适应现代化养殖的需要，大量招聘大学生。这份工作工资高、待遇好，但没有光鲜的工作环境，工作内容更不轻松。

招聘启事明确写着，农村孩子优先。有人被录用之后被家里人拦下，还有人进猪舍铲了 1 小时猪屎就决定“跑路”。有坚持下来的人在网上真诚地劝退：“耐不住寂寞，熬不住清冷，吃不了苦，调整不好心态者慎入。”

湖南大学生徐卫东毕业后为了挣钱决定养猪。进入猪场之前，他就已经做好了“吃苦”的心理准备。在入职前军训的一个游戏环节，领导带来了两大袋猪粪，要求大家挖 250 克放到纸盒子里，重量最接近的获胜。职场新人们有小铲子、戴手套和徒手三种方式可以选，戴手套的允许有 10 克误差，徒手的允许有 20 克误差。

徐卫东把这视为养猪工作的第一道关卡，“身为以后要养猪的人，对这个怎么能认怂？”他毫不犹豫地选择了徒手。果然，进入猪场二作后，他每天都要和猪粪打交道。

因为他对猪场的工作环境早已有了预期，因此没有轻易放弃。进入养猪行业半年多后，他学到了许多知识和技能，觉得自己已经从一个“啥都不懂的小白”变成了一个“刚入门的大白”。

从这个案例中，我们可以看出，在进入一个行业，选择一家企业，敲定岗位之前，主动去了解未来自己的工作环境，才不会出现与预期落差较大、职业选择不理想的局面。

一、行业环境

行业环境分析包括对目前所从事行业和将来想从事的目标行业的分析。分析内容包括行业的发展状况、国际和国内重大事件对该行业的影响、目前行业的优势与问题、行业发展趋势，以及行业对人才的基本要求和人才储备竞争的状况等，进行合理的分析能够让我们清晰地了解本行业的大背景和发展潜力。其中，最为重要的是对行业发展现状和行业发展前景的分析。

（一）行业发展现状

随着经济和社会分工的不断发展，社会行业的数量、种类、结构和要求等也在不断地发生变化。行业发展还将会继续随着社会的发展不断地发生变化，因此要求高职生们在做生涯规划和就业选择的时候，驻足现在，放眼未来，用动态的眼光审视行业的发展。在对目标行业进行行业发展现状分析时，可主要了解两个问题：一是，目标行业处于生命周期的哪个阶段，如引入期、成长期、成熟期、衰退期；二是，分析目标行业是朝阳行业还是夕阳行业。

（二）行业发展前景

在了解目标行业发展阶段的同时，还需要进一步明确自己的目标行业是属于新兴行业还是传统行业。不能以行业的发展时间长短来判断一个行业的未来前途，而应该看这个行业是否具有较强的生命力，是否有强大的资金技术支持，是否有相关的国家政策、法律法规的鼓励和扶持，以及当前国内外形势等因素，结合自身的职业兴趣、爱好等做出理性的判断和选择。

一个行业的环境探索，首先要选择持续增长的行业。当前，我国正在进行产业结构调整和优化，国家正在积极推进的战略新兴产业是大家可以放心去追求的。不同行业的发展空间是有较大差距的，一定要挖掘到一个未来有无限发展可能的行业。其次，进入平均收入高的行业。不同行业、不同公司的新毕业生起点工资可能差距很小，但 10 年后就会有天壤之别。最后，同等条件下，要优先选择专业对口的行业。你会比非专业的人有一些优势，以后转到核心职位的机会较大，最好别进入“咱永远是外行”的行业。

细分之下，行业环境探索主要有以下 10 个方面：

1. 这个行业是什么？

2. 行业对生活和社会的作用及发展前景、趋势。

3. 行业的细分领域。

4. 国内外最著名的业内公司及其介绍。

5. 行业的人力资源需求状况及趋势。

6. 所从事行业需要具有的通用素质和从业资格证书。

7. 有哪些名人做过或在做这个行业？

8. 行业内著名公司的老总或人力总监的介绍和言论。

9. 职业访谈，如一般职员、部门职员的一天。

10. 校园职位及对高职生的能力要求。

二、企业环境

企业环境一般包括单位类型、地域环境、企业文化、发展前景、发展阶段、产品服务、员工素质、工作氛围等。要确定自己适合什么样的企业文化、什么样的环境，从而找到适合自己的公司。我们每个人都面临着这样一个严肃的事实：我们必须长期地、努力地工作，如果用几年的时间做自己并不适合的工作（这种情况非常常见），那么就是在浪费生命、浪费精力。

选择并确定适合自己的企业，衡量是否“喜欢”该企业。我们可以以下面几项为标准，如果符合三项以上，那么就可以考虑将目标企业当作未来的发展方向。

1. 熟悉企业信息。

2. 能写与企业相关的文章。

3. 知道企业及其行业最新的活动和进展。

4. 能和企业相关领域的人士对话。

5. 关注企业的校园招聘。

6. 喜欢看与企业相关的书。

7. 愿意参与与企业和行业相关的活动。

8. 愿意跟别人分享你对该企业及此领域的看法。

9. 愿意去企业工作并确定在企业的长期发展目标。

三、岗位环境

每个入职者都有必要在做规划时对岗位职责、工作要求、薪资情况、岗位流动状况等进行了解。所有的工作岗位都有两个最基本的要求：一是通用要求，包括基本的知识要求和素质、能力要求；一是特殊要求，包括特殊的专业技能要求等。探索岗位，我们一般从以下 4 个方面去努力：

1. 岗位基本描述

岗位基本描述包括岗位定义、工作内容及应具备的素质。如，这个岗位是什么，这个岗位做什么，这个岗位要具备什么，谁做过和谁正在做这个岗位。岗位是与个人职业发展最密切相关的因素，了解岗位概况，将为个人的职业发展奠定基础。

2. 岗位晋升通路

和这个岗位相关的岗位是什么？（拓展发展方向及为轮岗、转换工作做准备）这个岗位的职业发展通路是什么？（岗位的晋升方向）这些都是我们在岗位探索中需要重点关注的方面。

3. 岗位要求

岗位要求指的是岗位所要求的基本条件，包括学历、资历、经验、品质、个性等多方面因素。如有的岗位要求硕士以上学历，有的则要求专科学历即可。

4. 个人与岗位的差距

个人与岗位的差距包括差距量化和差距补充。一方面，我们要对照岗位要求和自己的现状，找到具体的差距；另一方面，要根据现有的差距，找到完善自己的方面。

探索与思考

在职业环境中，你最在意行业环境、企业环境、岗位环境中的哪些因素？

项目四 提升职业素养

任务一 职业素养：照见未来的一面镜子

学习目标

1. 学习职业素养的概念、特点，了解职业素养在职业生涯中的重要性。
2. 了解几大核心职业素养，并学习如何培养与提高核心职业素养。

对一个人来说，能力和专业知识固然重要，但是要想在职场取得成功，并不只在于能力与专业知识，也在于个人所具有的职业素养。高职生要想在将来的就业竞争中取得先机，寻找到理想的岗位，就要认清职业素养的重要性、主要内容和培养方法，在校期间努力培养自己的职业素养，科学规划学业，全面提高综合素质。

一、职业素养的概念

"素养"一词在我国古代就有。《汉书·李寻传》载："马不伏枥，不可以趋道；士不素养，不可以重国。"宋代陆游《上殿札子》有："气不素养，临事惶遽。"《后汉书·刘表传》有："越有所素养者，使人示之以利，必持众来。"素养简单来说就是素质和修养，也有人说是平时所表现出来的良好作风和习惯。素养是无形的，你很难用一把尺子去度量，也无法用一张试卷去测试，但是人们能切切实实地感觉到它的存在，而且这种存在很多时候会影响人们的感官和判断。

仔细分析一下，它有几个特点：它是一种自然表现出来的态度、风貌及解决问题的能力，是经过一定时间和通过一定方式有目的地培养和积累起来的，涵盖了人的思想、意识、文化、道德、能力等各个方面。

从素养的概念和特点再去看职业素养，我们可以这样来对职业素养进行概括：职业素养是从业者在职业过程中表现出来的综合品质，是从业者遵循职业内在的要求，在个人世界观、价值观、人生观和具有的专业知识、技能基础上表现出来的观念、意识作风和行为习惯。

一些发达国家在衡量劳动者的职业素养方面已经有了较为成熟的体系。德国把劳动者的能力分为专业能力和关键能力。专业能力是指从事某一行业所具备的特定的专业知识和技能；关键能力则是指从事任何职业都应具备的能力，如合作能力、思维能力、学习能力、承受能力、责任感等。英国把关键能力称为通用能力，并且认为专业能力与关键能力并重。美国把非专业技能称为基本技能，新西兰把非专业技能称为必要技能。

在我国，对劳动者职业素养也有专业素养和非专业素养之分。专业素养又称显性职业素养，一般指的是从业者的专业知识和技能；非专业素养又称隐形职业素养，一般指的是从业者的思想道德、态度作风等。大部分职业素养是看不见的，而正是这些看不见的职业素养决定了从业者的就业质量和职业发展。如果一个人基本的职业素养不够，比如忠诚度不够，那么技能越高隐含的危险也就越大。所以，用大树理论来描述职业素养比较直接：每个人都是一棵树，都有机会成为大树，根系就是一个人的基本职业素养，枝、干、叶、型就是其显现出来的职业素养的表象。要想枝繁叶茂，首先要根系发达。

二、职业素养的特点

职业素养大致有发展性、稳定性和综合性三大特点。

从实践角度讲，职业素养的发展性体现在它是人经过学习、认识和亲身体验，有意识地内化、积淀和升华后形成的。我们常说："把这件事交给某人去做，有把握，请放心。"人们之所以对他放心，就是因为他的素养已经内化为自身的本能。

职业素养的稳定性也由此而来。职业素养一旦形成，便产生相对的稳定性。比如，一位教师，经过几年的教学实践，会养成一系列的教师职业素养，不会轻易失去。

职业素养的综合性相对复杂。这种综合性包括三个方面，一是过程的综合，二是结果的综合，三是表征的综合。简单来说，过程的综合就是指职业素养形成的过程中有很多影响因素，如学校的教育、家庭和社会的影响、个人的性格及其他因素。一般我们认为学校的教育和个人学习是最关键的因素，但不是绝对的因素。结果的综合指的是职业素养包括多个层面，既有技能层面的内容，也有道德、思想、心理及文化层面的内容，是由多种结果混合而成的。表征的综合指的是职业素养表现出来的特性有多个方面，如负责、敬业、进取、团结、创新等多种特征。

三、职业素养的重要性

从个人角度来看，高职生都有强烈的实现自我价值和自我发展的需求。若个人缺乏良好的职业素养，面对激烈的竞争会无所适从甚至出现心理问题，很难找到好的工作，更不用说取得突出的工作业绩，职业的发展也无从谈起。

从企业角度来看，拥有较多的具备高职业素养的人员才能实现企业生存与发展的目的。高素质的人员可以帮助企业节省成本，提高效率，从而提高企业在市场上的竞争力。然而在现实中，部分毕业生表现出的职业素养的缺失，让企业望而却步，这就造成了一方面毕业生就业难，一方面许多需要人才的岗位出现空缺。

从国家的角度看，国民职业素养的高低直接影响着国家经济的发展，是社会是否稳定和进步的前提。高等教育的任务就是培养全面发展、具有创新精神和实践能力的人才，因此职业素养的培养是高等教育的核心目标，是培养国民职业素养的重要环节。

任务二　核心职业素养：成败与否的关键

学习目标

1. 理解时间管理、人际沟通、团队合作、开拓创新等核心职业素养在职业生涯中的重要性。

2. 学习并掌握提升核心职业素养的方法。

案例导入

2021年，18岁亚裔芭蕾少女Kayla Mak顺利被茱莉亚学院舞蹈系录取，迈入了人生新阶段。位于美国纽约的茱莉亚学院是世界上顶尖的专业音乐学院、舞蹈学院和戏剧学院，其地位相当于世界艺术领域的哈佛。拥有如此高的声望，录取率自然也极低，不到7%，一般人根本不敢轻易尝试。

而Kayla Mak能够在激烈的角逐中脱颖而出，和她自己的超级自律不无关系。从小到大，Kayla的日常是高强度舞蹈训练搭配繁重学习任务：每周有6天的时间在跳舞，每天要上至少5个小时的芭蕾课。此外，还要按质按量地完成学校布置的作业。这事儿搁一般人身上肯定要叫苦不迭，但Kayla每周规划得井然有序，在任何时候都看起来精神十足。

每天早上6点15分左右，Kayla就会起床。为了防止自己睡懒觉，她一口气定下4个闹钟。短暂收拾妥当之后，7点15分，吃完早餐的Kayla准时搭上黄色校车出发去学校。上午都是学习时间，Kayla全神贯注，笔记本上记满了笔记。即使是她认为最难的科目——“心理学”，也能取得92分的好成绩。她更不会放过课间时间，会用这一段时间涂抹老虎油来放松肌肉，或者在学校的走廊里练习劈叉、拉筋。上午的课程要一直持续到下午2点左右。Kayla的午饭往往用一块芝士比萨随意对付，因为课后她需要赶上小火车，去舞蹈室训练。路上有一个小时的时间，在这期间，Kayla 会拿出作业本温习一下功课。下午 3 点，抵达舞蹈室，换上一身舞蹈服之后，将持续整整 5 个小时的严格训练。下课之后，其他同学都走了，Kayla 还要单独抽 1 个小时排练自己的演出作品。训练一直持续到晚上 9 点半，伴随着夜幕降临，Kayla 踏上了回家的路途。如果准时赶上火车，Kayla 可以在 11 点前到家。当然，在火车上，作为"准高考生"的她还要继续完成遗留的作业。她回到家快速吃点东西垫垫肚子，因为还有作业等待着她继续完成。有时课业繁重，Kayla 需要在半小时之内完成一篇英文论文，并赶在截止之前提交，那真的是分秒必争。一直忙碌到 12 点半，Kayla 终于能够拥抱自己柔软的床了。

从 Kayla Mak 的时间管理中，我们可以知道让她在舞台上熠熠生辉的，不仅仅是她对芭蕾舞的热爱和天赋，更是她十年如一日、严格的自我管理，以及无数的汗水和付出的努力。

在综合素质培养的过程中，要把握住几种核心素质的培养，这样才能达到事半功倍的效果。本部分内容将从时间管理、人际沟通、团队协作、开拓创新等核心素质展开论述。

一、时间管理

时间总是偷偷地擦肩而过，就如同高考时，你才发现高中三年时光已经悄悄溜走了。也许在步入大学时你会默默告诉自己：一定要好好规划自己的大学时光，不能再让时间偷偷地溜走。但是等你真正来到大学后，发现终于没有人督促你学习了，心想可以松一口气了，时间还长着呢，还是先休息一下再说吧。于是懈怠成为常态，时间不知不觉就到了毕业。毕业的压力猛然袭来，你开始茫然无措。出现这种现象的原因正是缺乏时间管理意识。

（一）时间管理的定义

时间管理（time management）是指，在同样的时间消耗情况下，为提高时间的利用率和有效性而进行的一系列控制工作。这是由于每个人在社会生产中所处的地位不同而赋予自己的一种内向管理素质。我们日常生活中所指的时间管理就是用技巧、技术和工具帮助人们在一定的时间内完成工作，实现目标。时间管理是为了更有效地运用时间，除了要决定你该做些什么事情之外，还要决定什么事情不应该做。时间管理不是完全地掌控，而是降低变动性，减少时间的浪费。

（二）浪费时间的原因

时间是世界上最平凡的资源，也是最宝贵的资源。时间对每个人都是公平的，对每个人都是慷慨的，所以我们往往会忽略它、浪费它。那么为什么我们会犯这样的错误呢？为什么我们每天都有大量时间在无聊中度过，却依然觉得自己很忙？

1. 自身原因

（1）无明确的目标

高中时我们因为有明确的目标，所以知道学习是为了什么。可是到了大学，已经没有人再给我们一个明确的目标去为之奋斗了。因此，我们像断了线的风筝一样在各种目标中游走，想参加各种社团锻炼自己的社交能力，想打工积累社会经验，想参加各种培训班考证书……我们什么都想要，每天穿梭在各种活动中。看似整天忙忙碌碌的，但实际上什么都没做好。

（2）拖延逐渐成为我们的习惯

熬夜赶作业成为我们的习惯，在考试前通宵复习成为学习的特色。我们上床睡觉的时间从晚上 11 点逐渐拖到凌晨 2 点，总是在上课铃响起时才进入教室。我们总能找到借口把要做的事情拖到最后一刻。但到了最后一刻，我们只能一边抱怨着没有时间，一边手忙脚乱地开始我们的工作。

（3）不懂拒绝和放权

想想你是否也有这样的情况？已经拿着书准备去自习室了，宿舍的同学却邀请你联机打游戏或者一起逛街。都是好兄弟、好朋友，“不”字太难说出口，还是答应吧，下次再上自习。然而，这时学会说“不”才是避免时间浪费的重要方法。总是担心他人不能完美地办好事情，总是自己亲力亲为，好像只有这样才能保证每件事顺利地进行，所以自己总是忙得四脚朝天，不肯放手让他人去做，成倍地增加自己的工作量。

2. 外部原因

（1）家庭环境的影响

心理学家的研究表明，一个人的习惯在学龄前期就已经形成了。家长是孩子主要的效仿对象，所以家庭教养方式是学生习惯形成的主要因素。如果父母办事拖拉，没有效率，时间观念不强，一般情况下孩子也不能形成一个好的时间管理习惯。

（2）学校风气的影响

在一个好的学习氛围里，即使有不良的习惯也能得到抑制。而在一个差的学习氛围里，就算一开始能依靠自律独善其身，可是时间久了多多少少也会随波逐流。

（3）手机、电脑等电子产品的泛滥

手机、电脑等电子产品是一把双刃剑。一方面，它们可以让我们更快地了解外部世界，获得更多的信息，方便家人朋友的联系。另一方面，大量的学生沉迷于网络游戏和网上冲浪，易形成网络手机依赖症。

（三）时间管理的经典法则

时间管理有很多有效方法，结合高职生的具体情况，重点介绍以下几个方法：

1. 六点优先工作制

这一方法的精华是运用了“关键的事情占少数，次要的事情占多数”“用80%的时间解决那20%最重要的事情”的原理。即把每天所要做的事情按重要性排序，分别从“1”到“6”标出6件最重要的事情。每天一开始，先全力以赴地做好标记为“1”的事情，直到它被完成，然后再全力以赴地做标记为“2”的事，依次类推……如果一个人每天都能全力以赴地依次完成6件最重要的事，那么他一定是一位高效率人士。

2. 善用时间碎片和“死时间”

时间并没有很多的大片空白，每分每秒都有它存在的价值。我们每天都会有很多时间流逝掉，例如等车、排队、走路、课间等。在你总觉得自己时间不够用时，你却在课间的10分钟和别人侃侃而谈或者无聊、发呆。也许你觉得浪费这点时间无所谓，但是稍微做点加法运算就能看出你浪费了多少时间。我们所说的善用时间碎片就是你把每分每秒都好好地利用起来。成功的人都很看重时间的利用率，在他们看来没有任何一分钟是没有价值的。你完全可以利用几分钟背单词，每天坚持会有巨大的收获。用你智慧的眼睛去发现别人看不到的时间吧。

3. 养成自省的习惯

大多数时间我们都在忙于做计划，忘了回过头去看一下计划的落实情况。就如孔子所说的“吾日三省吾身”，人只有在自省的时候才能看到错误和不足。每天在睡觉前盘点一下一天的得失，查漏补缺，根据自己的情况及时调整计划，才能把计划安排得更合理。也许你自省需要很长时间，但是不要吝啬，自省的过程就像磨刀一样，每天坚持自省，你就能更好地审视自己，更合理地安排时间。

4. 黄金三小时法则

早晨5点到8点是人一天中效率最高的三小时，被称为“黄金三小时”。“一天之计在于晨”，早晨人的头脑最清醒，精力最充沛，思维最活跃，注意力最集中，心情最愉悦，环境也最安静。在这一时段，工作一小时相当于其他时段工作三个小时。黄金三小时法则告诉我们，应该利用这一时段去完成一天中最重要的工作，比如备考英语四、六级，以达到事半功倍的效果。当然，由于人们生物钟的不同，黄金三小时的具体时段可能因人而异，但这并不影响此法则作用的发挥。我们应该在生活中多体会，找出自己的“黄金三小时”并利用好它。

二、人际沟通

沟通能力是职场非常重要的一项通用技能，是用人单位在校园招聘初次面试中重点考核的基本素质与能力。沟通能力强的同学在面试中往往显得更自信，能够充分展示自己的才能，赢得更多的机会。然而遗憾的是，目前我国高校课程设置中对学生沟通能力的培养和考核不足，很大程度上需要同学们利用实习实践等课外活动来培养和提升。

（一）沟通的概念

1. 沟通的定义

沟通是人与人之间、人与群体之间思想与感情的传递和反馈过程，在这一过程中双方思想达成一致和感情得以通畅。美国学者桑德拉·黑贝尔斯、里查德·威沃尔在《有效沟通》一书中，将沟通进一步定义为：沟通是人们分享信息、思想和情感的过程。这种过程不仅包含口头语言和书面语言，也包含形体语言、个人的习惯和方式、物质环境——即赋予信息含义的任何东西。沟通是我们生活的主要部分。研究表明，大多数人会花 50%—70% 的时间，以书面形式、电话形式或面对面的形式进行沟通。克里斯·科尔在《沟通的技巧》一书中进一步提出："我们所做的每一件事情都是在沟通。"

成功的人际沟通有以下几个基本要素：空间距离接近，情感互相吸引，需求一致，特征相近，意识互相交流等，比如亲戚、同学、朋友很容易拉近双方的空间距离，同一运动的爱好者有较多的共同语言，等。

2. 沟通的方式

沟通的方式分为言语沟通和非言语沟通，其中言语沟通又可以分为口语沟通和书面沟通，而非言语沟通则是表达者的语气、语调、表情、肢体动作、空间距离等的集合。其中，信息与思想较多的是依托于言语沟通，而情感则与非言语沟通联系更为紧密。

（二）沟通的重要性

沟通的重要性主要体现在以下几个方面：

第一，沟通可以满足人的心灵需求。人是社会性的动物，不能脱离其他个体而存在，每个人都有与人沟通、被人倾听和理解的心理需求。人们一旦失去与人沟通的机会，就会出现一些不好的生理症状，比如产生幻觉、丧失运动机能，产生孤独、焦虑、抑郁等不良情绪。

第二，沟通是建立和谐人际关系的桥梁。社会心理学研究表明人和人的熟悉能增加彼此的好感，而沟通是增加熟悉感的最佳途径。沟通能帮助人们消除人与人之间的误解，并积累重要的人脉关系，从而为自己的事业成功打下基础。

第三，沟通是有效决策的基础。在生活中，我们总在进行着大大小小的各种决策。有的决策可能无关紧要，比如晚餐应该吃什么，该乘哪种交通工具赴约等；有的决策则对我们的生活至关重要，甚至可能改变我们的一生，比如应该上哪所大学，应该从事什么工作等。我们知道一个人的知识和经验是有限的，因此当人完全依靠自己的判断来决策时，可能会有所偏颇。这时，与师长、朋友、相关领域专家、同事进行积极有效、深入的沟通就显得至关重要。另外对组织而言，沟通也是确保组织目标顺利实现的关键因素之一。

第四，沟通是取得理解与支持的法宝。理解，给人以安慰；支持，给人以力量。获得理解与支持的直接方法就是沟通。对个人而言，每个人都渴望被理解，尤其当自己的想法和愿望与他人不一致时。

（三）沟通能力的培养

我们需要在沟通中交流信息，获取知识，进行思想的交流和碰撞，如此才达到相互传递、交流信息和成果，丰富经验，增长见识，开阔视野，活跃思维，启迪思想的目的。然而沟通固然重要，但并不是与生俱来的，对一部分人来说是一件较为困难的事情，甚至有时候沟通会无效或者是对事件发展产生不好的影响。因此，为了达到有效沟通，我们应该有意识地培养自己的沟通能力。

1. 积极倾听

（1）消除干扰

外在和内在的干扰，是妨碍倾听的主要因素，因此，首先要做的就是尽可能地消除干扰。如果可以控制，尽量保持安静的环境，把手机调成静音状态，另外从自身角度看，必须把注意力完全放在对方的身上，才能掌握对方的肢体语言，明白对方说了什么、没说什么，以及对方的话所代表的情感与意义。

（2）对方优先

对方优先的第一层意思是让对方先说。首先，倾听别人说话会让对方觉得我们很尊重他的意见，有助于建立融洽的关系。其次，鼓励对方先开口可以降低谈话中的竞争意味。最后，对方先提出他的看法，你就有机会在表达自己的意见之前，掌握双方意见一致之处，更容易说服对方。

对方优先的第二层意思是非必要时，避免打断他人的谈话。善于听别人说话的人不会因为自己想强调一些细枝末节，突然转变话题，或者在对方说话时随便打断对方。经常打断别人说话就表示我们不善于听人说话，个性激进，礼貌不周，很难和人沟通。

（3）注意观察肢体语言

当我们与人面对面时，即使我们还没开口，我们内心的感觉也已经透过肢体语言清清楚楚地表现出来了。听话者如果态度冷淡，说话者很自然地就会特别在意自己的一举一动，不愿意敞开心胸。相反地，如果听话的人态度开放、兴趣浓厚，那就表示他愿意接纳对方，很想了解对方的想法，说话的人就会受到鼓舞。正面的肢体语言包括自然的微笑，双臂不要交叉，手不要放在脸上，身体稍微前倾，常常看对方的眼睛，点头等。

（4）保持适当的距离

很多动物都有自己的领土范围，当其他动物进入它们的领土时，它们就会采用威胁、斗争等方式来保护自己的领土，赶走入侵者。在人与人沟通时，似乎不存在争夺领土的问题，但事实上，每个人也会有他们的心理领土、心理空间。当交谈时，若他人没有保持适当距离，进入了某一心理空间时，人们就会感到不舒服和被冒犯，沟通的效果自然也会打折扣。

（5）注意暗示信息

很多人都不敢直接说出自己真正的想法和感觉，往往会运用一些叙述或疑问，百般暗示，来表达自己内心的看法和感受。但是这种暗示性的说法有碍沟通，因为他们话中的用意和内容可能会被误解，最后很可能会导致无效沟通甚至引发言语上的冲突。所以一旦遇到暗示性强烈的话，就应该鼓励说话的人再把话说得清楚一点。

（6）听关键词

所谓的关键词，指的是描绘具体事实的字眼。这些字眼透露出某些讯息，同时也显示出对方的兴趣和情绪。透过关键词，可以看出对方喜欢的话题，以及说话者对人的信任程度。

另外，找出对方话语的关键词，也可以帮助我们决定采取什么方式回应对方。我们只要在自己提出来的问题或感想中，加入对方说过的关键内容，对方就可以感觉到你对他说的话很感兴趣或者很关心。

（7）关注重点

要抓住对方的主要意思，不要被个别枝节吸引。善于倾听的人总是注意分析哪些内容是主要的，哪些是次要的，以便抓住事实背后的主要意思，避免造成误解。当我们和人谈话的时候，我们通常都会有几秒钟的时间，可以在心里回顾一下对方的话，整理出对方的重点所在。我们必须删去无关紧要的细节，把注意力集中在对方想说的重点和对方主要的想法上，并且在心中熟记这些重点和想法。

暗中回顾并整理出重点，也可以帮助我们继续提出问题。如果我们能指出对方某些话只说到一半或者语焉不详，说话的人就知道，我们一直在听他讲话，而且我们也很努力地想完全了解他的话。如果我们不太确定对方想陈述或表达的重点是哪些，就可以采用询问的方式，让他知道我们对谈话的重视程度。

（8）鼓励他人

鼓励他人首先要重复他人说话的内容，这也是一种很重要的沟通技巧。这种反应可以让对方知道我们一直在听他说话，并听懂了他所说的话。但是反应式倾听不是简单的复述，而是应该用自己的话，简要地述说对方的重点。反应式倾听的好处是让对方觉得自己很重要。鼓励他人还要注意体察对方的情绪。倾听别人的谈话要注意信息反馈，及时查证自己是否了解对方。只有完全理解对方的意思后，对后面的谈话内容才会有更好的理解。鼓励他人最简单、直接、有效的方式就是倾听。

（9）理解他人

如果我们无法接受说话者的观点，那么我们可能会错过很多机会，而且无法和对方建立融洽的关系。理解他人，就是要让对方感受到，就算他的看法与感受，甚至所得到的结论与我们的不同，他还是可以充分地表达自己的看法、结论和感受。

2. 有效表达

话是说给别人听的，如果别人听不懂你说的话，即使你的句式再漂亮、用词再讲究，于沟通而言也无济于事。所以，平时最好用简单的语言、易懂的言辞来传达信息，而且要对说话的对象、时机有所掌握，有时过分的修饰反而达不到预期的效果。

（1）非言语表达

麦罕宾的研究表明，非言语交际在信息传递中所起到的作用达 93%，而言语表达只占 7%。这就是说，当我们对长篇大论中的一词一句进行仔细推敲的时候，很可能一些极其细微的动作，已经使得我们演讲的效果大打折扣——问题不在于你说了什么，而在于你是怎么说的。非言语表达技巧主要有以下几个方面：

① 目光接触

诚恳而沉稳地看着对方。和一个人谈话时，维持 5—15 秒的目光接触；面对一个团体谈话时，眼睛要轮流和每个人的目光接触，每一次约 5 秒。不要让你的眼睛转来转去，也不要刻意放缓速度而眨眼睛。为了避免紧盯着对方，我们可以将视线放在对方的眉宇间，这样不会太尴尬。

② 姿势与动作

良好的站姿：昂然站立，自然而轻松地移动，抬头挺胸，肩膀、臀部和双腿站成直线，向前方注视；最自然的方式是两手自然下垂，切记不要双臂环抱、两手交叉，这些动作是封闭和防御的肢体语言。良好的坐姿：脊椎挺直，上身略微前倾，手放置在椅背上，不要随意滑动；你的双手与手臂的动作尤其重要，柔和的手势表示友好、商量，强硬的手势则意味着“我是对的，你必须听我的”。

③ 脸部表情

谈话时脸部要轻松自然，并保持微笑的表情。微笑表示友善礼貌，皱眉表示怀疑和不满意。

④ 衣着与仪表

穿着方式并没有对错之分，但你必须让自己的打扮恰如其分，整洁大方、舒适得体。

⑤ 语气与语调

语气与语调在沟通中非常重要。你要让你的声音带着活力与热诚，设法让语调、节奏和声音的大小有所变化，如抑扬顿挫表明热情，突然停顿是为了制造悬念。

⑥一致性的技巧

当两个人和睦相处时，你会发现他们之间肢体语言的运用是非常频繁的，而且一个人的肢体语言是其他人肢体语言的反应。他们的坐姿相似，以同样的角度靠在座椅上，以同样的姿势盘绕双腿。这种一致性会促进沟通，从而帮助彼此建立融洽的人际关系。但是，我们的目的并不是要模仿一个人的每一个动作或每一种坐姿，融洽的关系是靠我们在与人相处时所做的一些事情建立起来的。如果这种一致性让人感到不自然、不舒服或无诚意，就不要使用这种技巧。

（2）语言表达

现代社会，由于经济的迅猛发展，人们之间的交往日益频繁，良好的语言表达能力已经成为现代人的必备能力。提高语言表达能力有以下几个方法：

① 克服说话时的紧张情绪，积极大胆地与别人说话。很多人与别人说话时会紧张，而这种紧张会影响沟通的效果。说话紧张的时候，努力使自己放松，静静地进行深呼吸，使气息平静下来。笑，对于缓和全身的紧张状态有很好的作用。微笑能调整呼吸，还能使头脑反应灵活，说话集中。

② 平时多积累一些你擅长的话题，避免谈起不擅长或不感兴趣的话题。在平时要留意观察别人的话题，了解吸引人的和不吸引人的话题。扩充自己的知识面，多看些书，多参加户外活动，这样可以多和人沟通交流。成为有效的表达者之前，首先学会做个聆听者。多去听讲座，在和朋友、长辈沟通

过程中多听听别人的，收集可以表达的素材，也学习别人的语言表达技巧，同时也要回避一些不好的话题，避免谈自己不了解的事情。

③ 增加自己的幽默感。语言的幽默风趣，一定要根据具体对象、具体情况、具体语境来加以运用，不要让说出的话不合时宜。提升自己语言的幽默感可以从以下几个方面入手：首先，当你叙述某件趣事的时候，不要急于告诉对方结果，应当沉住气，以独具特色的语气和带有戏剧性的情节显示幽默的力量；其次，强调重要的词语，利用重音和停顿等以声传意的技巧来促进听众的思考，加深听众的印象；最后，在讲笑话的时候，不要自己先大笑起来，这样会使你讲的笑话的效果大打折扣。

④ 学会站在别人的角度。每一个个体都有完全不同的人生经历，价值观、人生观、世界观等会有很大的差异，因此我们要学会理解他人，站在别人的角度来看待问题。例如与一个看重细节的人沟通，不能只讲一个大概，要进行深入细致的描述，而对于一个重视整体的人来说，过度描述细节则显得不合时宜。

（3）书面沟通

沟通不仅包括面对面的口头沟通，书面沟通同样有其不可替代的作用。书面沟通包括发布各类公告、规章制度、新闻稿、商务交往信件等正式的写作，也包括编辑各类短信、生日贺卡等非正式的文书。因此，高职生在学习期间要注意学习和掌握书面沟通的方法和技巧。

三、团队合作

团队是指为了实现某一目标而由相互协作的个体组成的正式群体。团队合作是指团队成员之间为了达成既定目标所显现出来的自愿合作和协同努力。团队合作是保证团队正常运转，产生 1+1>2 效果的根本。如今，随着社会分工日益精细，现代社会中个人的发展愈加离不开团队合作。一个家庭、一个公司、一个单位中的小团队莫不是如此。如果只强调个人的力量，你表现得再完美，也很难创造很高的价值，所以说“没有完美的个人，只有完美的团队”。

运行良好的蒸汽机，需要各个齿轮之间的良好配合。不管是大齿轮还是小齿轮，哪儿坏了都不行。团队也一样，每个成员只有相互配合、合作，才能起到“人心齐，泰山移”的效果。如果每个成员只从自己的角度去思考问题，不配合、不合作，甚至内耗，那么势必会影响整个组织的效能，导致 $1+1<2$ 的后果。

（一）团队的构成要素

团队是为了实现某一目标，由两个或两个以上的人组成的群体。团队不同于团体，也不同于群体，更不同于团伙。团队的构成要素可总结为 5P，即目标（Purpose）、定位（Place）、职责职权（Power）、计划（Plan）、人（People）。

1. 目标。团队要有一个既定的目标，为团队成员导航，知道要往何处去。如果没有目标，团队就没有存在的价值。

2. 定位。分为组织定位和个体定位。组织定位是指团队在组织中处于什么位置，选择和决定团队成员，团队最终应对谁负责。个体定位是指作为成员在团队中扮演什么角色。

3. 职责职权。即整个团队在组织中拥有什么样的决定权，比方说财务决定权、人事决定权等。

4. 计划。目标最终的实现，需要一系列具体的行动方案。

5. 人。人是构成团队最核心的要素，两人或两人以上就可以组成团队。团队的其他四个要素都是需要“人”这个要素去承担、实施和实现。

（二）人与团队之间的关系

既然团队需要人，那么个人与团队之间的关系又是什么呢?

树木与森林的关系。团队是由一个一个的人组成的，没有人就没有团队。同样，没有森林作为你的后盾，为你遮风挡雨，单棵的树也难成活。独木难成林，没有了团队的支持，你就不可能成就一番大事业。

水滴与大海的关系。相传佛教创始人释迦牟尼曾问他的弟子：“一滴水怎样才能不干涸？”弟子们面面相觑，无法回答。释迦牟尼说：“把它放到大海里去。”一个人永远不能离开自己的团队，即使在团队里高高在上的人，也要明白是团队带给了你个人的光环。

合作共赢的关系。团队目标的实现需要各个成员通力合作，个人的发展也会依赖团队。当今社会是一个强调合作的社会，不管是在企业还是在科研单位，都讲究团队合作。作为个体，不管你是身处高位还是身处普通职位，单凭一个人是无法完成一个项目的。组织的命运和利益包含着每一个员工的命运和利益，“大河有水小河满”，没有哪个员工可以使自己的利益与组织脱节。

（三）如何突破团队合作中的障碍

几乎每个人都明白团队合作的重要性，但团队成员之间要愉快合作却不是一件容易的事情。因为团队中的每一个人都是一个独特的个体，易怒、不自信、嫉妒都会影响一个团体的合作；我们每个人都会对公平或不公平、正确或错误的事情做出自己的主观判断；我们还会为了维护自身利益消极合作甚至拒绝合作等，这些都会成为团队合作中的障碍。美国著名管理学家帕特里克·兰西奥尼在其著作《团队的五种机能障碍——领导力之寓言》中，提出了团队合作的5种机能障碍，即缺乏信任、惧怕冲突、欠缺投入、逃避责任和无视结果。那么，如何突破这些障碍呢？

1. 突破“缺乏信任”障碍

信任是团队合作的心理基础，是打造高绩效团队至关重要的条件。当然，信任感的建立需要一个过程。为增强团队成员之间的信任感，可以采取一些积极的措施：在选择团队成员时，应挑选具备互补技能的；在组建团队初期，可以通过各自介绍背景、经历等方式互相加深了解，澄清潜在的误解；团队绩效不是归功于个人，而是归功于团队；定期的、开放的沟通和反馈，可以有效地建立和提高信任感；通过一些集体活动来加深团队成员之间的联系和感情。

2. 突破“惧怕冲突”障碍

传统观点认为，所有的冲突都是不良的、消极的，它常常被视为破坏合作、非理性的同义词。在传统观点看来，冲突是有害的，是应该避免的。然而，越来越多的事实发现，如果为了维持表面的一团和气，有了问题也不商量、解决，就会导致一些显而易见的问题没有人提出来。惧怕冲突的团队主要表现如下：避免讨论容易引起争论的问题，即使这些问题对于企业成功是非常必要的；不能正确地处理团队成员之间的意见和建议；把时间和精力用在形式主义上。

由于惧怕冲突，大家就缺少了必要的争论与思想交锋，团队也会因此得不到发展。然而，团队想要发展不仅要接纳冲突，而且还要鼓励冲突。一定水平的冲突可以使团队保持旺盛的生命力，团队成员也会变得善于自我批评和不断创新。其实，富有成效的冲突对于团队来说是必要的。

冲突可以分为两种：功能正常的冲突与功能失常的冲突。功能正常的冲突能提高群体的工作绩效，具有建设性；而功能失常的冲突则阻碍了群体工作绩效的提高，具有一定的破坏性。功能正常的冲突允许个体发表与众不同的看法和思想，鼓励持不同意见的人各抒己见，这种冲突对事不对人；而功能不正常的冲突往往对人不对事，对他人批评甚至进行攻击。当然，即使是对事不对人的冲突，也要保持在一个合理的水平。

3. 突破“欠缺投入”障碍

如果团队少了必要的争论，有问题大家也不说，那么团队成员就会欠缺投入，只会众口一说，达成表面上的统一。但实际上，大家心底还是各执己见，思想不统一，问题还是问题，没有多大改善，也没有彻底解决。如何克服团队欠缺投入呢？首先，需要强调一切都面向团队，每件事都应有个人的承诺，工作的进展和成功完全由其兑现的承诺来衡量；其次，确定最终期限，确保每个阶段工作目标的落实，而且还要在团队中及时进行反馈；再次，注意鼓动团队成员接受不确定性。其实，不确定性本身也蕴含了大量的学习机会。只要对意外和不利情况及时进行分析和处理，团队仍可以从不确定性中获得最佳结果，增加团队成员承担风险事业的信心。

4. 突破“逃避责任”障碍

如果团队缺乏积极投入，不能达成共识，在遇到问题时，团队成员就会选择逃避责任，出现各家自扫门前雪的情况。等到问题显现，也很少会有人主动站出来承担责任，主动解决问题，导致问题越拖越严重。为了避免团队里出现逃避责任的不良倾向，首先，要明确公布工作目标和标准。让表现不佳的成员感到压力，促使其改进工作。其次，要定期进行工作成果回顾。一旦发现问题，要明确地向成员指出。当然，这么做的目的不是要惩戒表现较差者，而是为他们提供各种帮助，保证团队努力工作并倾尽所能兑现承诺。最后，进行嘉奖。关键成员会因其卓越的贡献而得到其他成员的尊重和仰视，有助于团队树立模范典型。

5. 突破“无视结果”障碍

在团队成员将其个人需求（如自负心理、职业发展、表彰奖赏），甚至其小团体的需求置于团队总体目标之上时，“无视结果”就会产生。如果大家都无视团队结果，只顾埋头自己干，那么团队将无法产生合力，也很容易解体。如何克服无视结果的障碍，确保成员把努力重点放在团队发展上呢？首先，要公布团队目标。向团队成员公布团队目标的团队，其成员往往更具有热情，也更希望取得成就。而那种仅仅声称“我们会尽力而为”的团队，其成员往往会无意识地为自己的失败做好准备。其次，给予基于团队成就的奖励。奖励以团队成果为准，与特定集体绩效相关联，同时还要奖励为团队成就做出贡献的成员。

（四）团队合作的培养方法

1. 寻找团队中的积极品质

在一个团队中，每位成员的优缺点都不尽相同。团队应该寻找团队成员的积极品质，并且学习它，让团队成员个人的缺点和消极情绪在团队合作中消失。团队强调的是协同工作，较少有命令和指示，所以团队的工作气氛很重要，直接影响团队的工作效率。

2. 时常检查自己的缺点

在工作中，团队的每个成员要时常检查自己的缺点：自己是不是对人冷漠，或者言辞锋利。这些缺点在单兵作战时或许还能被人忍受，但在团队合作中会成为团队进一步成长的障碍。团队工作需要成员在一起不断地讨论，如果其中某个人固执己见，无法听取他人意见，或无法和他人达成一致，团队工作就无法进展下去。团队的效率在于配合默契，如果达不成默契，团队合作则可能是不成功的。

3. 保持足够的谦虚

团队中的任何一个人都有可能是某个领域的专家，所以我们必须保持足够的谦虚。任何人都不喜欢骄傲自大的人，这种人在团队合作中也不会被大家认可。

4. 乐于为他人提供支持

当个人处于集体中时，不仅我们的思想行为受集体的影响，而且我们工作的成败也受集体中其他成员的制约和影响。例如：在手术台上，虽然有一个外科医生主刀，但他必须得到麻醉师、副主刀、护士、输血员的全力支持和协作，他的手术才能圆满完成。所以，在一个有支持关系的集体中，人们之间需要平等相待，和睦相处，互相信任，互相协作。这种支持的积累可以使一个集体内部更加团结一致、携手共进。

5. 培养钉子精神

一部机器由无数的零件组成，要想它正常运转，任何零件都不能缺，哪怕是一颗小小的螺丝钉。一个集体，一个团队也是如此。如果想要运转良好，其中每位成员都是不可或缺的。“钉子精神”体现的是一种牺牲精神，体现的是以大局为重的观念，体现的是一种埋头苦干、默默奉献的朴实作风，体现的是各司其职、紧密协作的团结意识。因此，要坚决纠正和克服安心不尽心、在位不尽职的浮躁现象和眼高手低、见异思迁的短视行为，发扬“钉子精神”，实践“钉子精神”，干一行，爱一行，钻一行，自觉在实现团队整合的过程中实现人生的最大价值。

四、开拓创新

（一）开拓创新的定义

开拓创新指运用已积累的知识，通过不断探索、研究，在大脑中创造出新思维、提出新见解和做出新选择的能力。它包括强烈的好奇心，细致的观察力，深刻的洞察力，超前的预测力，大胆设想、勇于探索的精神，发现问题、提出问题、发现规律的能力，创造性地分析问题和解决问题的能力，发明新技术、创造新产品的能力，提出新思想的能力。

是否为开拓创新，首先看创造。创造是指一种改变、革新、发明、新观念和新的选择，有两个不同的层面：第一个是带来某种事物，第二个是具有新意。一般来说，创造追求的结果是首创，即发明，而创新更关注经济、社会性影响。创造强调创造结果的新颖性和独特性，创新则强调将创造结果的价值在更大范围的社会中实现。但是这两个概念也经常是通用的。因为大多数的创造是为了创新，即创新是创造的目的和结果。创新从创造开始，创造也就包含着创新。另外，创新的概念也不再限于应用技术发明生产新产品，而是被广泛地引用到各个领域。创造并不神秘，任何神智健全的人都具备创造的潜力，关键看你是不是善于发挥自己的创造才能。如果懂得创造的奥秘，善于掌握科学的方法，那潜在的创造才能就会显示出来。

（二）开拓创新能力的培养

1. 养成创造性习惯

创新只有成为一种习惯才有持久的价值。高职生要把创新变成一种习性进而渗透到个人生涯发展的各个角落里去，要对事物刨根问底，主动培养自己创造性的习惯。具体可以从以下 8 个方面入手，培养自己的创造性习惯。

（1）灵感的火花经常会在不经意间闪现，有了想法，立即记录下来。通常，一个想法在 24 小时内没有记录下来，就会消失。

（2）每天对自己提出新的问题，在时间不紧张的情况下多问自己为什么。

（3）要跟进某个领域的新发展，从他人的成果中汲取创意的灵感。

（4）学会本专业以外的事，从其他学科那里获得启发，但要分清主次。

（5）对你的或别人的思想持开放、宽容的态度。首先对别人的新奇想法抱一种理解的态度，而不能动不动以一种“批判现实主义”的姿态显得自己多有常识。这样你才能更好地接纳自己的新想法，并有勇气与别人探讨这些想法。

（6）带着疑问与目的去观察，留心观察问题中的相似性、差异性以及独有的特征。

（7）在思考方式和态度上，不时地冒一下险，要使结果在能够把控的范围内。

（8）保持幽默感。幽默感是自信、智慧的结晶，因此你需要培养的不仅是幽默感，而是你的自信心和你的学识。

2. 敢于跳出框架

科学发现一般被描述为是从逻辑一步一步演化而来的。事实上，有的可能是一次意外的错误或者事故导致了新事物的形成。

3. 应用思维地图

思维地图是一种特别的联想方式，即从一个关键字或事物入手，去想象所有可能有关联的东西，最后形成一个大网，然后在这个网络化的思维整理中，就有可能受到启发，获得灵感的顿悟。比如与手机相关的职业都有哪些？与单词“do”相关的都有哪些词汇？其实，人脑进行信息的存储就是以这种树状结构实现的，因此使用树状结构的地图思考，可以尽可能地把大脑中存储的信息调动出来，从而使创新的内涵与价值更丰富。

4. 学会通情

一名双目失明的乞丐脖子上挂着一块牌子“自幼失明”，手中的盘子上只有旁人施舍的少得可怜的钱。一天，一个诗人说：“我也很穷，不过我给你点别的吧。”说完随手在乞丐的牌子上写了一句话。从那一天开始，乞丐得到了更多的施舍。这个诗人在这个乞丐的牌子上写的是：春天就要来了，可我却见不到！从这个故事中，我们可以看到通情就是站到对方的情绪与思维世界里，去思考对方的期望。

5. 创造性停顿

思考最大的敌人就是混乱。我们一般习惯同时做太多的事情：搜寻信息，感受别人的说服，追求新的思想与选择。当同时用多个角度来考虑问题的时候，结果往往是混乱的。这就如同手里同时抛好多个球，结果往往是手忙脚乱的。因此，适度停顿，分析自己此时此刻的思考角度，才可以有效地避免混乱。这个停顿思考的过程也叫校验预期。因为有时我们努力了很久才发现，自己在试图解决一个并没有答案或者并不需要解决的问题。停顿下来一方面是分析目前是否在做正确的事，另一方面还要再眺望一下，是否还有新的方向可以探索。通常，我们习惯于由问题来引导思考，即使已经没有问题了，我们还是会顺着思路乱想下去，而不是停顿下来创造一些对我们更有益的想法。

课堂活动

1. 请试着画出自己每天的时间分布饼状图。一个圆周代表一天时间，根据自己的时间消耗，进行饼图分割，越精细越好。

2. 看一看自己每天的时间分配是否合理？如果不合理，请指出哪部分占用时间偏多，是否有更加优化的调整方案，并根据调整后的方案重新绘制出一天的时间分布饼状图。

延伸阅读

第四代时间管理理论

目前最新的关于时间管理的第四代理论主张关键不在于时间管理，而在于个人管理。与其着重于时间与事务的安排，不如把重心放在维持产出与产能的平衡上。

表 4-1 详细阐释了第四代管理方法的重点。从本质上看，我们对时间的

使用方式不外乎以下 4 种。

表 4-1　时间管理矩阵

	紧急	不紧急
重要	I 危机 迫切问题 在限定时间内必须完成的任务	II 预防性措施、培育产能的活动 建立关系 明确新的发展机会 制订计划和休闲
不重要	III 接待访客、某些电话 某些信件、某些报告 某些会议 迫切需要解决的事物 公共活动	IV 琐碎忙碌的工作 某些信件 某些电话 消磨时间的活动 令人愉快的活动

表 4-1 告诉我们，紧急意味着必须立即处理，比如电话铃响了，尽管你正忙得焦头烂额，也不得不放下手边工作去接听。一般说来，接电话总要优先于私人工作。他们不会让电话那头的人苦等，但会让办公室里的人干坐着直到他们打完一通长长的电话。紧急之事通常都显而易见，推脱不得；也可能较讨好、有趣，却不一定很重要。

重要性与目标有关，凡有价值、有利于实现个人目标的就是要事。一般人往往对燃眉之急立即做出反应，对当务之急却不尽然，所以更需要自制力与主动精神，急所当急。

在时间管理矩阵中，第一象限事务既紧急又重要，需要立即处理，通常被称为“危机”或“问题”。有人觉得，这类事务会消耗大部分的时间和精力。他们整天都在处理危机，满脑子都是问题，忙于应付各种紧迫任务。

表 4-2　偏重第一象限事务的结果

I 结果： ● 压力大 ● 筋疲力尽 ● 被危机牵着鼻子走 ● 忙于收拾残局	II
	IV
III	

如果你过分注重第一象限事务，那么它们的范围就会变得越来越大，最终占据你全部的时间和精力。这就像是冲浪一样，来了一个大问题，把你从冲浪板上打到水里，你好不容易重新爬上去，但是下一个问题又来了，于是你又重重地摔了下来。

有些人每天都在应付各种各样的问题，疲于奔命，因此只能借助第四类既不重要也不紧急的事务来逃避现实，稍微放松一下。在这些人的时间管理矩阵中，他们把 90% 的时间花在第一象限事务上，而余下的 10% 中的大部分则用在第四象限事务上，用在第二和第三象限事务上的时间则少之又少，几乎可以忽略不计。这就是大部分时间精力都用于处理危机的人所过的生活。

还有一些人将大部分时间花在紧急但并不重要的第三象限事务上，却自以为在致力于第一象限事务。他们整天忙于应付自认为十分重要的紧急事件，殊不知紧急之事只是别人的要事，对别人重要，对自己就不一定了。

表 4-3　偏重第二象限事务的结果

I	II
III 结果： ● 急功近利 ● 被危机牵着鼻子走 ● 被视为巧言令色 ● 轻视目标和计划 ● 认为自己是受害者，缺乏自制力 ● 人际关系肤浅，甚至破裂	IV

有些人几乎将所有的时间都用在第三和第四象限事务上，可以说他们过的是一种不负责任的生活。

表 4-4　偏重第三、四象限事务的结果

I	II
III	IV
结果： ● 完全不负责任 ● 被炒鱿鱼 ● 基本生活都需要依赖他人或社会机构	

高效能人士总是避免陷入第三和第四象限事务，因为不论是否紧急，这些事情都是不重要的，他们还通过花费更多时间在第二象限事务来减少第一象限事务的数量。

表 4–5　偏重第二象限事务

I	II
	结果： ● 愿景，远见 ● 平衡 ● 自律 ● 自制 ● 很少发生危机

第二象限事务包括建立人际关系、撰写使命宣言、规划长期目标、防患于未然等。人人都知道这些事很重要，却因尚未迫在眉睫，反而避重就轻。

按照彼得·德鲁克（Peter Drucker）的观点，高效能人士的脑子里装的不是问题，而是机会。他们不会在各种各样的问题上浪费时间和精力，他们的思维方式是预防型的，总是能够做到防患于未然。当然，他们也有真正意义上的危机和紧急事件需要马上处理，但是这类事件的数量相对来说很少。他们能够平衡产出和产能的关系，将时间和精力集中在重要但是并不紧急的事务上，即第二象限事务，提高个人的处事能力。

请查看自己的答案属于以上哪一象限事务。重要而紧急吗？依我推测，答案多半是第二象限。因为重要，才会使生活大为改观，却因为不够紧急，所以受到忽略。但是只要我们立即着手进行，效能便会大大增进。

我曾问过一家购物中心的经理人员类似的问题，他们一致认为，与承租购物中心的各商店老板建立良好关系，最有助于业绩进展。这属于第二象限事务。

但经过调查发现，他们只有不到 5% 的时间用在这上面。这也难怪，太多的事情使他们分身乏术：开会、写报告、打电话等第一类公务已经使人精疲力竭。纵使难得与各商店老板接洽，也不外乎收账、讨论分摊广告费等令对方不快的事。

至于承租业主则各有一本难念的经，他们希望购物中心的管理人员能帮助解决问题，而不是制造问题。

于是购物中心方面决定改弦更张，在理清经营目标与当务之急后，拿出1/3的时间，改进与各商店的关系。施行了1年半左右，不但业绩提高4倍多，经理人员也成为各商店的倾听者、训练者与顾问，不再是监督者或警察。

因此，不论大学生、生产线上的工人、家庭主妇，抑或企业负责人，只要能确定自己的第二象限事务，而且即知即行，一样可以事半功倍。在时间管理领域称之为帕雷托原则（Pareto Principle），以20%的活动取得80%的成果。

选自［美］肖思·柯维《高效能人士的七个习惯》，有删改。

项目五 职业生涯规划

任务一 生涯决策：让梦想照进现实

学习目标

1. 了解什么是职业生涯决策以及职业生涯决策的类型和原则。
2. 学习并理解影响职业生涯决策的因素。
3. 掌握职业生涯决策的方法。

案例导入

酒店测评师刘晴，去年刚刚大学毕业。在她周围人的眼中没有比酒店管理更适合她的专业了。因为她的父母都是酒店管理人员，耳濡目染，她很自然地被认为将来会和父母一样从事酒店管理。按照预想，毕业后她也将和他们一样，进入酒店工作，未来一目了然。但进入大学之后，刘晴就很快将原本的规划抛之脑后。理由很简单，她更喜欢旅行——一个听上去十分任性的理由。起初，这被父母视为“不务正业”。而对她自己而言，这是一条充满未知的道路。但未知使人兴奋，她认为，命运还是掌握在自己手里比较重要。

刘晴笃定地选择酒店测评师，除了热爱，也与旅游产业这些年的发展有关。她不想局限于某一家酒店，更希望在旅途中把工作做了。在校期间，她不仅踏实地攻读专业课，还关注并学习世界各地的文化，开阔视野。毕业后的她，真正实现了一边旅行一边工作。

从刘晴的故事中可以看出，她在做职业生涯决策时，并不是在盲目地选择与爱好相关的行业，而是在对未来从事的行业有充分的了解和清晰的判断的基础之上，做出的理智选择。

一、生涯决策概述

职业生涯决策是职业生涯规划过程中最重要的环节，是对职业发展方案和职业发展方向做出审慎决定的系统过程。也就是在了解外在职业环境和认知自我的基础上，再对行业类型、工作性质、工作地点和发展潜力等内容进行综合分析和筛选，最终从众多的工作领域和工作机会中做出合理选择的过程。由此可见，职业生涯决策在职业生涯规划的过程中起着导向作用。在进行职业决策之前，高职生可以先从职业生涯决策的概念、类型和原则等方面学习，进而帮助自己更全面、更理智地做出决策。

（一）职业生涯决策的概念

职业生涯决策是职业生涯规划过程中最重要的环节，涉及职业的方向决定与方案选择，还涉及职业方案的设计等内容。具体来讲，职业决策需要个人根据外在环境的特点进行全面探索和分析，从而对职业生涯的规划和发展进行综合考虑，最终制订和选择可行的发展方案。虽然外在环境的影响因素有很多，但主要还是依赖于个人的分析和判断。个人对职业方向的判断和把握，在很大程度上决定了职业生涯发展的空间和高度。由此可见，清楚地了解和认识职业生涯决策在职业生涯中的位置十分重要，是科学规划职业生涯的前提。

职业生涯决策的目的是选择最优的职业发展方向。高职生需要依据自身条件，经过对外界环境的一系列判断和筛选，确立个人的职业目标，并设计出达到目标的最佳行动方案。这个过程除了受外在环境的影响外，还需要通过意识、思考、分析和行动来进行方案策划并做出选择，与个人的心理特征密切相关。

高职生在分析职业前景的过程中，需要有清晰的人生目标，理智地罗列出可供选择的方案，并结合现实状况进行相应的分析和评估。由于受到个人价值观、文化环境和社会经济等因素的影响，职业决策制订需要根据实际情况进行相应调整。在整个职业生涯的发展过程中，职业决策后续还涉及一连串阶段性目标的可行性问题。若方案和计划过于短浅，又缺少后续推动力，将不利于职业生涯的长远发展，很有可能使人丧失奋斗的热情。

（二）职业生涯决策的类型

职业决策的类型是由个人的决策风格决定的，而决策风格也会通过后天的学习养成，因此职业生涯决策可以划分为理性型、直觉型、犹豫型和依赖型 4 种类型。下面依次介绍各个类型的特点。

1. 理性型

理性型决策方式强调通过综合全面的信息做出理智的思考和冷静的分析判断，周全地进行分析和评估，是最受推崇的决策方式。该类型的决策者崇尚逻辑分析，往往在收集充足信息的基础上，权衡多方的利弊得失，以长期效用作为决策的基础依据，通过理性的思考做决定，这是其他类型决策者所欠缺的。然而，理性型的决策方式也并非完美的。该类型的决策者需要避免因强烈的自尊心而忽视整合自己与他人观点的问题，以免造成不必要的麻烦。

2. 直觉型

直觉型决策方式常常以某种情景中的感受或者情绪作为决策的依据。决策者全凭直觉和感受，行事比较冲动，因而很少会收集有用的信息。该类型的决策者常常会因决策的不确定性产生不良情绪，往往希望尽快完成决策以摆脱烦恼，对快速做决策的过程有着强烈的兴趣。这种类型的决策者容易在缺乏深思熟虑的情况下做出决策，因此通常给人留下冲动和果断的印象。直觉型决策以自我判断为主导，思维方式侧重关注内在的感受，易在信息缺失的情况下快速做出判断。但是个人的直觉远不如理性分析准确可靠，因此直觉型决策存在很大的不确定性，产生错误的可能性也较大。

3. 犹豫型

犹豫型决策者做决定十分迟疑。即使他们已搜集了很多资料和相关信息，做任何决策前仍会在内心反复斟酌。他们往往害怕做出错误决策，担心造成不良后果而承担责任，从而错过最佳决断时机。这一类型的高职生应认识到犹豫和拖延的不良后果，增强职业生涯规划的意识和动机。

4. 依赖型

依赖型决策者常常因为对环境和自我的认知较少，在决策时往往表现得较为被动或顺从。他们往往习惯接受他人的意见和想法，通常将他人的肯定、认可和社会评价作为决策的评判标准。这一类决策者要警惕因为过度依赖他人的指导和建议，或一味地模仿和复制他人的经历，带来一些并不理想的结果。

（三）职业决策的原则

职业决策不单单是拟订职业发展的方向，还需要对整个职业生涯的发展进行长远的展望。如果职业决策太过草率肤浅，职业生涯规划便失去了后续的支撑力，容易让人丧失奋斗的热情，不利于职业生涯的长远发展。高职生在进行职业决策时，需要考虑的因素有很多，可以从生存发展的需要，个人的兴趣、能力、价值取向和社会需求等方面进行综合衡量。总体来说，职业决策有以下几个原则：

1. 兴趣发展原则

职业生涯规划的核心在于从事自己喜欢的工作。从事自己喜爱的工作，可以有效地将热情转化成兴趣，并最终发展成为从事该项工作的长久动力。在进入大学以后，每个人都会经历不同的学习和成长，兴趣和爱好变得十分广泛。但当需要选择其中一项作为终身事业时，如果缺乏长久的兴趣和长远的计划，往往会无所适从。所以，在做职业决策时，不仅要选择自己喜欢的职业方向，还需要主动培养自己的职业兴趣。

2. 能力胜任原则

职业生涯发展的核心在于从事一项自己擅长的工作。无论从事何种职业，只有具备相应的职业技能，才能更好地满足岗位的需要。在进行职业决策时，高职生要认真分析自己的优缺点，根据自己的能力特征和个性特点，选择一个既喜欢又有能力胜任的工作领域，以便最大限度地发挥个体的价值。

3. 利益整合原则

职业生涯维持的核心在于从事一项收益相当的工作。职业作为个人谋生的手段，其目的在于追求物质和精神上的满足，并最终实现个人的幸福。而影响一个人职业决策的因素，除了兴趣和特长外，还涉及职业回报、行业发展状况和发展前景。所以，在进行职业决策时，不仅要考虑个人预期的经济收益，还要考虑精神需求的满足和发展前景等因素，最终在收入、社会地位、成就感和工作付出之间做出明智的选择，使整个职业生涯发展实现收益最大化。

4. 社会需求原则

职业生涯的成功除了需要有良好的规划、发展和维持外，还需要迎合社会的需求。在时代快速发展的过程中，社会需求不断发生变化，这就给职业生涯决策提出了新的难题，高职生在进行职业生涯决策时还应分析社会需求及其发展的态势。由此可见，职业决策不仅要考虑个人原因，还应该结合时代进行分析和决断。因此，选择既满足社会需要又符合时代长远发展的职业方向，是职业生涯规划和职业生涯决策的关键所在。

二、影响职业生涯决策的因素

决策的做出对人的生活具有重要意义，但是决策具有不可预测性，到底这个决策对以后的发展起到什么作用，其实是不确定的。因此，职业生涯决策需要根据多种因素进行综合考虑。是决策就会有结果，结果的优劣会影响我们今后的生活。所以，职业生涯决策面临着一定的机遇和风险。

影响职业决策的因素是复杂的，著名的职业辅导理论家克朗伯兹将影响个人职业决策的因素划分为四类：

（一）遗传和特殊能力

遗传的一些特质，如种族、性别、外表特征、智力等，在某种程度上决定了个人的职业表现或影响到个人的职业生涯。

（二）外部环境

很多影响因素来自外部环境，这是求职者个人无法改变和决定的，包括人类活动（如社会、文化、政治、经济活动和家庭、教育活动）的影响和自然力量（如自然资源的分布或自然灾害等）的影响。很显然，家庭的社会经济地位（如是偏远农村还是沿海城市，是否贫困家庭）、家庭对于个人的期望（如是否重视教育）、所在地区的教育水平、经济发展程度、就业环境的优劣等都会在很大程度上影响个人的决策。

（三）学习经验

这里所说的“学习”是指广义的学习，即个人在日常生活中不断积累经验和认识，获得知识或技能。例如，一个孩子在与小伙伴玩耍的过程中，发现如果自己愿意与伙伴们分享玩具，别人就会更乐意跟自己玩。那么，这个孩子可能由此学到“分享”“合作”。每个人在成长过程中都会积累无数的学习经验，而个人学习经验是独特的，对于个人的职业生涯选择具有重要的影响。

（四）处理任务的技能

受到种种因素的作用，个人在面临一项任务时，会表现出特定的工作习惯、解决问题的能力、心理状态、情绪反应和认知历程。面对困难，有的人勇于挑战，敢于创新；有的人畏首畏尾，不愿承担重任。不同的人在面临工作任务和困难时所表现出来的心态、习惯和能力，反映了他们处理不同任务时的不同技能。

三、职业生涯决策的方法

职业生涯规划是个体通过对个人能力、兴趣、性格和价值观的解读，并结合外界环境实施的总体战略部署。合理的安排和决断是这一战略发挥作用的关键，因此需要运用宏观的手段进行合理的决策。这就要求个体不仅要使职业生涯发展的方向符合个人的实际情况，还应考虑实施决策的后续行动过程。

职业生涯决策的目的是寻找和优化职业生涯的发展方案。职业生涯决策与大多数即时决策不同，这个过程中没有固定的选项和思维模式，所以做出的选择在现实条件和目标要求之间可能存在不同程度的冲突。职业决策方法有很多，主要有 5W 法、CASVE 决策法、决策平衡法等。

（一）5W 法

5W 法是职业决策过程中最简便易行的方法，又被称为“What 归纳法”。国内外很多专业的职业咨询机构在辅助个人进行职业规划时，通常采用问句的方式，协助个人逐次对职业规划进行筛选。在实际运用中，大学生可以通过依次回答下列 5 个问题，确定职业生涯规划的大体方向。

Who am I？（我是谁？）

What do I want？（我想干什么？）

What can I do？（我能够做什么？）

What does the situation allow me to do？（环境支持或允许我做什么？）

What can I be in the end？（我最终的职业目标是什么？）

在不同的情况或个体间，提问的内容可能有所不同，但大体的方向和原则是一致的。在此处可以将这些问题分解成以下内容：

（1）个人特征。根据自身情况进行感知，这需要高职生对自己有一个清晰而深刻的认识。把个人的性格特征、特长、能力等方面的优势挖掘出来，可以更加清晰地明确目标范围。

（2）个人喜好。虽然随着年龄和经历的增长，每个人在不同阶段的兴趣发展不完全相同，但兴趣对职业发展的导向作用是毋庸置疑的，因而可据此来锁定一个人的职业发展方向。

（3）个人潜能。除了要考虑个人的性格和特长等因素外，高职生也应对自身的潜在能力进行分析和预测。职业的成功依赖于个人的能力，但职业发展的空间往往受个人潜能的限制。通过对潜能的考察，可以进一步缩小职业决策的目标范围。

（4）环境许可。职业的发展与环境相适宜是十分必要的，这就要求高职生在做决断时，需要考虑影响职业环境的各种因素，如政治环境、经济环境、法制环境、科技环境和文化环境等。

（5）职业目标。对前4个问题进行筛选，已经将可能的职业发展方向进一步缩小，这时候需要有一个明确的目标来指引职业生涯规划的实施，从而确立个人职业生涯发展的最佳方向。

我们通过上述分析，可以逐步缩小目标范围，再结合实现该目标的各种条件，从而找到适合自己的最佳职业目标，这是职业决策过程最简单且有效的方法。在实际运用的过程中，可借助下面的表格，回答每个问题，便捷地寻求它们之间的交集。

表5-1 “5W”职业项目表

项目	个人特征	个人喜好	个人潜能	环境许可	职业目标
符合条件的职业项目					
职业项目之间的交集					

（二）CASVE决策法

CASVE模型指出，一个良好的决策需要经历沟通（Communication）、分析（Analysis）、综合（Synthesis）、评估（Valuation）、执行（Execution）5个步骤。

1. 沟通（Communication）

沟通，包括内部和外部的信息主流。在这个阶段，个体通过交流会收到职业理想与现实之间差距的信息反馈，并通过一定的方式表现出来。比如，当个人意识到问题的所在，可能会出现一系列厌烦或者焦虑的情绪，甚至头痛或者身体其他部位不适的信号。这是意识到自己需要做出选择的阶段。此外，在个人接收到来自家人、同事或朋友的交流、询问或者评价，以及从杂志、媒体等相关途径获得信息时，分析和处理问题的意识便会在脑海中形成。这时，人们会通过各种感官来思考和探索问题，发现自身的需要及寻求解决问题的办法。这样的交流对职业生涯选择十分重要。

2. 分析（Analysis）

通过前一阶段个体内部的沟通与思考，以及对自身需求的观察和研究，个人会逐渐意识到解决问题的办法。这一阶段，个人可用大量的时间去思考、观察、研究，了解自己，对自己的兴趣、技能和价值观有更深入的了解，更明晰现实情况与理想状态之间的共性和差距。这一阶段的分析主要指自我条件的分析与环境的分析。

（1）自我条件分析

自我条件包括兴趣、能力和价值观等，探究这些个人问题，可以先对自身进行有效的分析和了解，具体问题可以参照以下内容：

我喜欢做什么？

我擅长做什么？

我看重什么？

我掌握了哪些专业知识？

我做什么事情最能够全身心地投入？

我做什么事情能得到更多的乐趣与享受？

我做什么事情能做到最优秀？

我希望工作带给我哪些东西？

我希望达到的目标是什么？

在这个阶段，大学生需要多花心思去思考和研究，从而更充分地了解自身的情况。在此过程中，首先要弄清楚自己有哪些方面的能力，并尽可能多地将它们罗列出来。其次，要根据自身的实际情况，对这些问题进行思考和分析。只有找到个人的实际需求，才是真正意义上的认识自我。

（2）环境分析

解决问题的一切方法都需要从实际出发，这就离不开对基本环境因素的分析。落实到职业生涯规划的问题中，大学生应该将了解环境放在与了解自我同等重要的地位上，所以不妨从以下问题进行思考：

我需要了解哪些环境因素？

我处于一个什么样的职业环境之下？

环境允许我往哪些方向发展？

我想要一个什么样的工作和生存环境？

我该怎样适应环境？

我能创造和改变哪些环境因素？

我有没有足够的能力抓住环境带来的机会？

结合真实的自我与现实的环境进行分析，是有效把握自我的手段，也是职业生涯规划的必经阶段。在这个多向分析的过程中，高职生通常会改善对自我的认知，不断增加自身对职业世界的认识和需要。该阶段还需要把各种因素和相关知识联系起来，例如把个人阅历与职业选择联系起来，或者把个人的生活愿望融入职业选择。客观来讲，分析的透彻与否是造成职业生涯差距的主要原因。

3. 综合（Synthesis）

此阶段主要是根据分析阶段得出的信息，设计出符合要求的方案，其核心任务是确定解决问题的方法。通过对自身和环境的了解，可以得出许多符合自身需求的职业方向，并进一步缩小目标范围。首先，尽可能清晰地认清自己的实际需求，列出可供选择的职业清单；其次，仔细地思考每个途径的可行性；最后，缩小可行办法的范围，尽可能多地满足个人的价值观，通常可以筛选 3—5 个有效选项，这是头脑中最有效的记忆和工作容量的数目，有利于后续的评估过程。

4. 评估（Valuation）

经过综合阶段，可以得出一组候选职业名单，接下来就需要对得出的职业选项进行详细的评估。这个过程最主要的是评估从事某个行业的适应性以及个人与职业匹配度，也要适当考虑对家人和社会的利弊等。最后，对各个选项做一个优先度的排序，选择适合自己的职业。

5. 执行（Execution）

执行是 CASVE 循环的最终目的，其他任务和内容都是为这个实施环节服务的。不管前面分析得多全面，评估得多中肯，实现职业生涯的良好发展，关键还是在执行阶段将所有想法付诸实践。在执行过程中，不仅需要制订相应的计划，还需要积极地付诸具体行动。在执行阶段制订相应的行动计划往往令人兴奋，这标志着可以开始采取实际的行动去解决问题了。若没能满足实际的需要或者没有达到理想要求，可以再次回到沟通阶段，开始新一轮的 CASVE 循环，直到职业生涯中的问题被解决为止。

（三）决策平衡单

职业决策实际上是平衡多方利弊，并做出最符合自身利益的决断。而决策平衡正是针对这一特点，根据个人的利益和需求，协助决策者系统地分析每一个可能的选项，判断分别执行多选项的利弊得失。这种方法经常应用于实际问题的解决和职业咨询中，前面提到的职业决策方法，都可以使用决策平衡来进行最后的评估和筛选，其主体框架如下：

（1）内在物质层面的得失。

（2）外在物质层面的得失。

（3）内在赞许与否。

（4）外在赞许与否。

决策平衡单运用起来简单直观，可以经过初步的职业筛选，帮助高职生对每个职业选项进行具体的分析。高职生可以通过分析各个方案实施后的利弊得失，结合个人在物质和精神层面的需求，排出各个预备选项的优先顺序，从而得到最优的结果。其具体使用过程如下：

（1）列出有评估价值的潜在职业选项。

（2）对各项考虑因素进行加权计分。高职生需要根据自身的实际情况进行考量，对各个栏目的重要性进行权衡，即根据该栏目的重要程度，分别设定 1—5 的权重系数。5 为最高权重，表示“非常重要”；3 代表“一般”，1 代表“最不重要”。

（3）判断各个职业选项的利弊。根据各个备选职业在物质和精神上的得失，逐一审视各个职业选项。用 0—10 的分值，来衡量各个职业在对应栏目下的优劣势。得分越高，表示价值观和考虑因素在该生涯选择中得到满足的程度越高。

（4）计算出各个职业选项的总分。将得分与各个栏目的权重系数相乘，计算出各个职业选项的加权总分。

（5）排出各个职业选项的优先顺序。依据各职业选项在总分上的高低，排出优先次序。职业选项的优先顺序即可作为高职生职业生涯决策的依据。

在实际运用中，由于“自我赞许与否”和“社会赞许与否”显得比较笼统，所以将这两项改为“内在精神层面的得失”与“外在精神层面的得失”，实际是由“内在—外在”“物质—精神”所构成的四个范围来考虑的。职业决策平衡单如表 5–2 所示。

表 5–2 职业决策平衡单

项目		权重系数	职业 1	职业 2	职业 3	职业 4
			得分	得分	得分	得分
内在物质层面的得失	1. 经济收入					
	2. 升迁机会					
	3. 办公条件					
	4. 福利待遇					
	5. 休闲时间					
	6. 其他					
外在物质层面的得失	1. 家庭的经济利益					
	2. 对家庭生活的影响					
	3. 社会资源的获取					
	4. 家庭社会地位					
	5. 其他					

续表

项目		权重系数	职业 1 得分	职业 2 得分	职业 3 得分	职业 4 得分
内在精神层面的得失	1. 兴趣一致性					
	2. 个性的一致性					
	3. 与价值观的契合度					
	4. 个人幸福指数					
	5. 其他					
外在精神层面的得失	1. 家庭关系的维系					
	2. 友谊的增进和维系					
	3. 社会关系的培养					
	4. 其他					

任务二　目标设立：瞄准梦想的靶心

学习目标

1. 了解什么是职业生涯目标，以及确定职业生涯目标的意义。
2. 学习如何对职业生涯目标进行分解。
3. 了解职业生涯目标确定的原则。

案例导入

2003 年出生的杨丹妮，一直有一个梦想就是开一间属于自己的独立服装设计工作室。

她就读于某高校服装设计与工艺专业，朝着服装设计梦一步步前进。生活中，无论她是看到电视剧，还是看到电影中画一些人物的着装，她总会产生一些设计灵感，甚至有时候逛街、吃饭，脑子里也会时不时迸发出一些关于服装设计的想法。杨丹妮剪刀拿久了，针线缝多了，日常生活中拿起东西时不时就会手抖。她知道这是服装设计师所谓的职业病，每一名设计名师都是这么一路走来的，她从未放弃。

上学期间，她曾在全国职业院校技能大赛服装设计与工艺赛项中荣获二等奖，杨丹妮距离梦想又进了一步。如今的她是一名妥妥的神奇“剪刀手”，经过多年的练习，当她拿起剪刀时无须尺子便能在几秒内剪出完美曲线。

一、职业生涯目标及意义

（一）什么是生涯目标

生涯目标也就是我们常谈的人生目标，实际上就是探讨人的一生要成为什么样的人，人的一生该如何度过，怎样才能使人生过得有意义、有价值，怎样才取得成功，怎样才能拥有幸福的生活。生涯目标是引人成长和发展的导航标。

（二）确定目标的意义

一个人要获得事业的成功，须按照人生成功的规律来制定行动的目标和规划。确定生涯目标有以下几个方面的意义：

1. 激励我们前进

当你给自己定下目标之后，目标就开始起作用了。它是努力的依据，也是行动的鞭策。随着这些目标的逐一实现，你会收获越来越多的成就感。

2. 使我们看清使命

每一天，我们都有可能遇到对自己人生和周围世界不满意的人。在这些对自己处境不满意的人中，有98%的人对心目中喜欢的世界没有清晰的画面，没有改善生活的目标，没有一个人生目的去鞭策自己，结果只能是继续生活在一个他们无意改变的世界中。

3. 有助于我们安排轻重缓急

制定目标的一个最大的好处是有助于我们安排日常工作的轻重缓急。如果没有目标，我们很容易陷进跟理想无关的日常事务当中。

4. 引导我们发挥潜能

我们不断地在自己有优势的方面努力，会进一步激发我们的潜能。最终，在达到目标时，我们成为什么样的人比我们得到什么东西重要得多。

5. 使我们有能力把握现在

人只有在现实中通过努力才能实现自己的目标。正如希拉尔·贝洛克（Hilaire Belloc）说："当你做着将来的梦或者为过去而后悔时，你唯一拥有的现在却从你手中溜走了。"虽然目标是朝着未来的，是有待未来实现的，但目标能使我们把握住现在。

6. 有助于评估进展

不成功者有个共同的问题，就是他们极少评估自己取得的进展，或者不明白自我评估的重要性，或者无法认识目前取得的进步。这时，目标提供了一种自我评估的重要手段。如果我们的目标是具体的、看得见摸得着的，我们就可以根据自己距离最终目标有多远来衡量目前取得的进步。

7. 使我们未雨绸缪

成功人士总是事前决断的，而不是事后补救的。他们提前谋划，而不是等别人的指示。

8. 使我们把重点从工作本身转到工作成果

不成功者常常混淆工作本身与工作成果，以为大量的工作，尤其是艰苦的工作，就一定会带来成功。而成功的衡量标准不是做了多少工作，而是做出了多少成果。

二、职业生涯目标分解

生涯目标的设定要以自己的最佳才能、最优性格、最大兴趣等信息为依据，通常可分解为长期目标、中期目标和短期目标。一般说来，短期目标服从中期目标，中期目标服从长期目标，长期目标又服从人生目标。我们要实现梦想，必须脚踏实地，从具体的、短期的目标开始。

当然，在确定自己的人生目标和长期目标时，要综合考虑社会因素和自身特点；制定中期目标和短期目标时，则更多地考虑社会经济环境、工作条件和任职要求等就业因素与自身特点的匹配。通过自我认知和职业探索，制定出符合自身特点的个人短期目标、中期目标和长期目标，进而制定出完整的个人生涯目标体系。

（一）长期目标

长期目标是指5年以上的目标，主要受个体人生目标的影响。常言道："人无远虑，必有近忧。"尽管如此，在日常生活中人们最容易忽视的就是长期目标。很多高职生认为，5年后的事情太遥远了，考虑那么多、那么远没有什么用。果真如此吗？当然不是。近年来，高职生就业困难，很多人毕业后找不到满意的工作，可也有一些高职生在毕业前就被名企高薪聘用了。这些被聘用的学生几乎都是在校期间就树立了长期的职业发展目标。他们立大志、立长志，在校期间在志向的牵引下制定并完成了自己的中期目标和短期目标，有了一个好的职业生涯开端。

设定长期目标一般要考虑几个因素：目标非常符合自己的价值观，能为自己的选择感到自豪；对自己的目标有足够的兴趣；目标具有一定的挑战性；目标是能够实现的；目标是认真选择的，和社会发展需求相结合。

（二）中期目标

中期目标一般为3～5年的目标，在整个目标体系中起着承上启下的作用。中期目标是在长期目标的基础上确立的，比如毕业后直接进入职场，找到一份满意的工作；考上理想的学校和专业的研究生；到自己所梦想的国家去留学；选择创业，实现当老板的理想；等等。

中期目标相对于长期目标来说更具体。中期目标有如下特点：通常与长期目标保持一致；结合自己所学专业、能力、兴趣和掌握的社会资源来确定；用明确的语言来定量说明；对目标实现的可能性作出评估；有比较明确的时间，且可做适当的调整。

（三）短期目标

短期目标通常是指每日、每周、每月、每季、每年的目标，是中期目标和长期目标下一个个具体化、现实化和可操作化的小目标，必须清楚、明确。其主要特点有：目标切合实际，具有可操作性；明确规定具体的完成期限；目标有把握实现；适应环境，服从于中期目标。对高职生来说，短期目标十分重要，短期目标设定是否合理，决定着中期目标和长期目标是否可以实现。相对而言，短期目标的类型更复杂，依据不同的标准有不同的分类。

在校时期的目标可以按在校时间来制定，分为新生阶段目标、中期学习阶段目标、即将毕业阶段目标，具体如下：

1. 新生阶段——自我认知及对专业初步了解阶段。在高校这一独立人格形成的重要阶段，进行自我认知是高职生最重要的任务。挣脱了高考桎梏的高职生也许目前尚不知道自己今后想要从事什么具体的职业，因此了解自己的人格特征，找到自己真正的兴趣所在是至关重要的。所以，在适应了高校学习生活之后，需要花一些时间尽可能地了解自己的特长、爱好、兴趣和价值观。这些信息将帮助高职生了解感兴趣的专业和职业发展方向，并开始探索丰富多彩的工作世界。因此，高职生入学阶段应当有意识地主动进行自我认知，了解所学专业的特点及发展前景，发展自己现有的兴趣和能力，并不断发现自己潜在的兴趣和能力，可以参加学生会组织、文体活动、通识教育课堂等课外活动，抓住校内外提供的一切尝试和锻炼机会。阅读一些关于不同行业和职业的介绍材料，对行业和职业有基本的认识，了解某行业的发展前景如何、各种职业应该具备的基本素质与能力。与家人、朋友、老师以及周围所有可提供信息的人谈谈自己的职业兴趣。做一些职业倾向测试，更多地了解自己，确认自己喜欢的职业和所长。刻苦学习，尽己所能取得好成绩，顺利地获取毕业证书及学位证书。

2. 中期学习阶段——生涯扩展阶段。通过第一年新鲜的尝试之后，高职生对自身特质有了基础、全面的了解，同时对职业概况和工作世界有了初步的认识，但还需要继续深入探索和收集有关生涯发展的信息。如，可以通过暑期实习、社会实践和志愿者活动掌握第一手材料。

在这个阶段，高职生需要了解你所感兴趣的职业的相关信息，了解就业市场；与一些在生涯发展领域工作且令你感兴趣的人取得联系，并争取在某一专业工作岗位上度过一天；通过实习实践、兼职和志愿者活动获得工作经历，更多地了解自己的工作偏好，主动参加就业市场和其他相关的生涯发展项目，增加对整个就业领域的了解。在实践和比较全面把握信息的基础上，逐步明确专业和职业发展方向，并作出初步的职业选择。

3. 即将毕业阶段——就业决定阶段。在这一阶段要为自己提前规划和确定生涯目标。面对从学生到职业人身份的转变，应提前准备好求职申请信、简历和成绩单。通过校园招聘会、人才市场和网络等确认自己的就业岗位。

在这一阶段需要思考的主要问题有：在你希望生活、工作的地区 / 城市，哪些职位可能提供给你？你怎样找到适合自己的岗位？你已经尝试找了几个职业，哪一个最适合你？

要做的准备有：通过你的各种可利用的联系渠道寻找工作机会，并争取被推荐；参加招聘会和用人单位的宣传活动；阅读可提供就业岗位的目录，参加各种校园面试；与校友联系，了解他们在工作第一年面对的挑战、困惑和感受体会。

大学最后一年是很多高职生的就业恐慌时期，找工作让大部分学生感觉很辛苦，可能备受挫折，而且结果不一定尽如人意。在这种情况下，要学会缓解自己的不安、焦虑、自卑等情绪。要知道，通过找工作，我们能不断地发现自己的不足，也会更加了解职场和职业，这些都是帮助我们在未来的职场取得成功的重要因素。

在制定阶段目标的同时，我们还可以继续细化自己的短期目标，比如制定上学期目标和下学期目标；按假期来制定暑假目标、寒假目标等。此外，我们还可以按内容来制定学习目标、生活目标、社团实践目标、兼职目标、实习目标等。

三、确定职业生涯目标的原则：SMART 指导原则

在制定职业生涯目标时，可以遵循 SMART 原则：

（一）具体、明确（specific）

同一时期目标不要太多，目标越简明、越具体，就越容易实现，越能促进个人的发展。目标就像设计的靶子一样，清清楚楚地摆在那里，干什么，干到什么程度，都有明确、具体的要求。比如，从事某一职业，到哪年学习哪些知识，达到什么程度，都要明确、具体地确定下来。无论什么目标都要有“时间”和“度”的要求。只有这两者完全结合，才能成为明确的目标。

要实现人生目标，成就一番事业，必须把目标集中到一个焦点上。集中一个目标，并不是说你不能设立多个目标，而是你可以把他们分开设置。具体来说，就是一个时期一个目标，拉开时间差距，实现一个目标后，再去实现另一个目标。

（二）可量化的（measurable）

目标可量化，这样你才有一个可以衡量成功或者失败的标准，从而可以准确地评价是否达到了自己的目标。比如，“我的目标是更好地利用时间”，应改为“在这个月内，参加一个学生社团（如服装设计协会），并访谈两位设计师”。

（三）可以达到但有挑战（achievable but challenging）

也就是说，就你的能力和特点而言，实现这个目标是现实的、可能的，但有一定难度。比如说，你目前只是一个即将毕业的学生并且没有什么相关的工作经验，如果计划在两年之内成为大公司的中层经理，这个目标也许就不那么可行；如果你计划 10 年之内做到中层经理的位置，那又缺乏挑战性，可能不太有激情去实现这个目标。

（四）目标有意义、有价值并有奖惩的措施（rewarding）

也就是说，实现这个目标能带给你成就感、愉快感。比如说，如果你没有按计划在一个月内完成对两位设计师的访谈，那么你就不能在十一长假期间外出旅游，而要利用七天的假期完成访谈的任务。

（五）有明确的时间限制（time-bounded）

不能将目标统定为“在毕业前完成”，而要有计划、分步骤地在限定的时间内完成。以一周、一个月或一学期为单位设立目标，会比将事情都堆到毕业前完成要有效得多。

在 SMART 的这几条标准之外，还有一条原则对于目标设立来说是非常重要的，那就是可控性（controllable）。

可控性主要是指你对影响到目标实现的因素具有一定的控制能力。比如，“我的目标是在 ×× 公司获得一份工作”，这种表述方式就不符合可控性的原则。因为你能否获得这份工作并不取决于你自己，你有被拒绝的可能。但如果你将目标换成“在下周二之前向 ×× 公司申请一个职位”，就是可行的，因为你能控制相关的因素。目标的可控性原则表明：你必须对自己的目标负责，而不能指望他人来实现一切。当你确实需要他人的帮助时，你可以向他们表达，争取他们的合作，但同时对他人的帮助不能看得太重，必须做好被拒绝的准备。确切地说，你能够控制的只有你自己，因此你的目标也完全地“属于”你。

采用上述原则设立目标的好处是使你制定的目标与计划有实现的可能，并且可以帮助你在一段时间之后回顾总结自己所取得的进步与不足，明确自己该干什么及干得怎么样。

任务三 行动计划：心之所向，披荆以往

学习目标

1. 了解大学生如何进行行动计划。
2. 掌握职业生涯规划书的格式与内容。
3. 学习并分析职业生涯规划书编写时常出现的问题，修正自己的职业生涯规划书。

案例导入

出生于2004年的李如琳在2021年全国珠宝制作职业技能竞赛贵金属首饰制作竞赛单元，凭借熟练的操作、细致的雕刻、沉稳的心态，取得了一等奖的好成绩。

从小就在城市生活长大李如琳，在临近初三毕业时开始认真思考自己的未来，萌生了读职业院校的想法。这个想法最初遭到亲戚们的强烈反对，但她却十分坚定。

“为了让自己能够有学下去的动力，我选专业时坚持从自己的爱好出发。”在她的坚持和努力下，她成功被某职业技术学校首饰设计与制作专业录取。凭着一腔热爱，她每天早早地就来到训练室，将所有基础动作练习了无数遍。

在全国珠宝制作职业技能竞赛选拔过程中，李如琳曾两次落选，但她没有放弃，而是更加努力地追赶别人的脚步。最终，李如琳成功入选参赛队伍，在比赛中拿到了一等奖。

一、如何进行行动计划

（一）行动计划的制订

职业生涯规划的核心是制订并实施职业行动计划。有效的行动计划是建立在合理的职业决策和职业目标的基础上。如果没有达到目标的行动，职业生涯规划就难以实现。制订行动计划的具体步骤如下：

第一是认真分析自己兴趣、性格、技能、价值观等各个方面。通过分析自己的兴趣、性格倾向，了解自己的职业兴趣和职业倾向；通过分析自己的技能和人生经历，了解自身的职业能力，知道自己能够做什么；通过分析自身的价值观，了解自身的人生理想和职业价值观追求。自我分析的目的是认识自己，了解自己，从而对自己适合的职业和职业生涯目标做出合理的判断。自我分析是职业生涯规划的基础，也是能否获得可行的规划方案的前提。

第二是了解工作环境。了解环境因素主要是评估周边各种环境因素对自己职业生涯发展的影响。如果缺乏对外部环境的了解和分析，个人的职业生涯规划只能是“水中月，镜中花”。通过对社会大环境的认识与分析，了解当前社会政治、经济发展趋势，衡量可能影响你的职业选择的社会整体环境因素；通过分析自己所选行业的外部环境和自己未来所从事行业的发展状况及前景，衡量自己未来职业环境特点；通过对社会宏观环境、职业环境等的科学分析，科学定位自己可以做什么，认清从事哪些行业的工作能够有光明的前途，知道自己未来会面临哪些机遇和挑战等。

第三是进行职业决策。高职生在对自己和工作环境做出准确评估以后，知道自己想做什么、能做什么，可以进一步确定适合自身特点、有实现可能的职业生涯目标。这就是进行职业决策的过程。在确定职业生涯发展目标时，要注意自身兴趣、性格、技能特长与选定职业的匹配，考察自己所处的内外环境与自身职业目标是否适应，谋求最佳职业匹配。

第四是确定职业目标。职业生涯规划的核心是制定自己的职业目标。在进行职业目标设定时，注意长期目标对短期目标的指引和导向作用，知道长期职业生涯目标是由无数的短期目标组成的，短期目标的实现是长期职业生涯目标实现的基石；注意不同生涯目标之间的分解和组合，积极地进行不同目标的组合，达到职业生涯的和谐发展，使之既有现实性又有前瞻性。

第五是制订行动计划。在确定职业生涯目标后，围绕职业目标的实现，需要制订具有针对性、明确性、可行性的行动计划。没有行动，职业目标只能是一种梦想。职业生涯规划的行动计划可分别定出 10 年、5 年、3 年、1 年计划，以及 1 月、1 周、1 日的计划。越是近期的计划越应该明确、清晰、具体。行动计划和职业目标是相对应的，长期的行动计划是在长期职业生涯目标的指导下制订的。长期职业生涯目标要靠不断实现短期目标来达成。短期的目标和行动计划具有高度一致性，比如一周内要掌握多少单词，一个月读完几本相关资料，复习完哪几门功课，如何锻炼身体、强健体魄等具体目标。

（二）行动计划的执行阶段

在按照目标和行动计划追求职业理想目标的过程中，通常会经历兴奋期、疲劳期、寂寞期、收获期四个阶段。

兴奋期：在刚开始阶段，我们做事一般热情很高，态度积极，但方向性差，方法较随意，目标设定缺乏经验。

疲劳期：工作激情开始降低，遇到困难容易产生惰性，容易转换目标或降低原来的目标标准，急需学习时间管理与情绪管理的方法。

寂寞期：大多数人思想开始动摇，怀疑自己的能力，或是怀疑自己目标的可行性。很多人会在这时选择放弃原来的行动。

收获期：少数人能持之以恒，在了解、掌握行动过程规律之后，全面提升自身素质，不断克服前进道路上的困难，掌握走向成功的密码，缩短与目标之间的差距，一步步走向成功。

上述四个阶段几乎是每个决策者都要面对而又不可避免的，只有科学认识这四个阶段的特点，正确把握兴奋期的前进方向，克服疲劳期的惰性和懈怠，战胜寂寞期的孤独和怀疑，持之以恒，坚忍不拔，不断克服前进路上的障碍，才能使自己一步步到达成功的彼岸。

（三）行动计划的评估与调整

无论是自身还是外部环境都是发展变化的，因此职业生涯规划不是一成不变的，行动计划要根据实际情况进行适时的调整。我们可以在一段时间内反思自己是否在规定时间内完成了本阶段的预期任务，行动是否达到了预期目标。如果圆满完成目标，就要进行自我奖励或者肯定。如果完不成预定目标，就要认真分析出现问题的原因，并针对具体情况进行调整。如果是因为目标设立得过高或者过低，要根据实际需要进行目标调整，使之符合实际需求；如果是自己的一些缺陷和弱点需要克服，就要有的放矢地进行有针对性的训练、学习或者进修，来弥补自身缺陷或改正缺点。在实施职业生涯规划的过程中，要针对行动计划的执行情况，努力寻求自己人生规划的突破口，找到实现职业理想的关键节点，千方百计地进行突破。

行动计划的评估和调整是一个循环反复的过程，通常要经过实施、评估、调整、再实施、再评估等程序。职业决策者要每隔一段时间对职业生涯规划进行审视，对不合理之处进行修正，甚至重新规划，直至达到理想状态。即使再好的职业生涯规划，如果不能有效地管理、坚定地执行、及时修正与评估，也是很容易破灭的。

二、大学生职业生涯规划的常用方法

1. 顺其自然法

不刻意去追求职业规划的法则，依据实际可能出现的结果，不做超出专业的设想。

2. 紧跟潮流法

紧跟社会风尚以及经济热点，目标是新兴的热门行业。这种方法有积极的一面，也有对职业发展不了解、产生不良结果的消极一面。

3. 科学分析法

依据职业规划理论，运用多种决策理论，认真思考，经过分析后做出决定。

4. 专家测评分析法

按照专家意见确定目标。

5. 决策模型辅助决策

通过运用多种决策模型，辅助职业发展决策。

三、大学生职业生涯规划书的格式和内容

职业生涯规划以书面的形式表现出来就是职业生涯规划书。职业生涯规划书是对自身宏观职业生涯规划的书面化，是高职生对自己的职业生涯发展目标的选择、实施计划及行动方案的书面表达。它不仅能呈现高职生的宏观职业生涯规划，还能在具体的学习和工作中起到指导和监督作用。

（一）职业生涯规划书的格式

职业生涯规划书的格式具有多样性，常见的格式有下列 4 种：

1. 表格式

这种格式的规划书一般会列出最简单的目标、阶段计划实现时间、职业机会评估和发展策略等几个项目，有的只是一份完整的职业生涯规划书的计划实施方案表。这种规划书是不完整的职业生涯规划书，只适合作为日常警示使用。

2. 条列式

这种格式的规划书虽然列出职业生涯的主要内容，但也只是简单的表述，没有详细的材料来分析和评估，条目简练，逻辑性和说理性不强。

3. 复合式

这种格式的规划书是表格式和条列式的综合。

4. 论文格式

这种格式的职业生涯规划就是以论文的方式表述出来。一份优秀的论文格式的职业生涯规划书能够对一个人的职业生涯规划做全面、详细的分析、阐述和论证，是最完整的职业生涯规划书。

（二）职业生涯规划书的撰写要求

1. 自我认知

结合职业发展测评、霍兰德职业倾向测验等，对自己进行客观分析。职

业兴趣——喜欢干什么，职业能力——能够干什么，个人性格——适合干什么，职业价值观——最看重什么。

2. 职业分析

对影响职业选择的相关外部环境进行较为系统的分析。家庭环境分析，如经济状况、家人期望、家庭文化等对本人的影响。学校环境分析，如学校特色、专业学习、实践经验等。社会环境分析，如就业形势、就业政策、竞争对手等。职业环境分析：行业分析（如 ×× 行业现状及发展趋势，人业匹配分析），职业分析（如 ×× 职业的工作内容、工作要求、发展前景，人岗匹配分析），企业分析（如 ×× 单位类型、企业文化、发展前景、发展阶段、产品服务、员工素质、工作氛围等，人企匹配分析），地域分析（如 ×× 工作城市的发展前景、文化特点、气候水土、人际关系等，人城匹配分析）。

3. 职业定位

综合第一部分（自我认知）及第二部分（职业分析）的主要内容得出本人职业定位。涉及以下几个内容：职业目标，将来从事（×× 行业的）×× 职业；职业发展策略，如进入 ×× 类型的组织（到 ×× 地区发展）；职业发展路径，如走专家路线（管理路线等）；具体路径，如 ×× 员——初级 ××——中级 ××——高级 ××。

4. 计划实施

根据上一阶段所制订的职业目标进行计划，分析达到目标所需的条件，并在大学阶段开始实施，可围绕自己的国内考研、出国留学、自主创业、直接就业（到国家机关、事业单位、国有企业、外资企业、私营企业）等具体目标，制订在校阶段的学业生涯规划，要制定各学年、各学期的量化目标、学习和实践计划，如专业学习方面、素质拓展方面、相关学科方面、人际交往方面等。

5. 评估调整

职业生涯规划评估的内容，包括职业目标评估（是否需要重新选择职业。假如一直……，那么我将…）、职业路径评估（是否需要调整发展方向。当出现……的时候，我就……）、实施策略评估（是否需要改变行动策略。如果……，我就……）、其他因素评估（身体、家庭、经济状况以及机遇、意外情况的及时评估）。职业生涯规划的评估一般情况定期（半年或一年）进行，当出现特殊情况时会随时评估并进行相应的调整。

四、高职生职业生涯规划的常见问题分析

高职生在具体制订规划时存在诸多问题，有可能会影响规划的效果。以下是高职生在制定规划的过程中容易出现的问题。

（一）自我认知存在的问题

自我认知的途径单一。绝大多数的学生都是通过职业生涯测评系统来认识自己，实际上客观、全面的自我评估的方式是多样的。除了可以通过测评外，还可以有老师、同学、父母亲、兄弟、姐妹、朋友的评价。获得评价的方式应灵活多样，可以采用面谈或者问卷调查的形式，充分清晰地了解自己，并且听取他们的建议，反复修正规划。

自我认知的内容不够全面。职业生涯规划书只分析个人的兴趣、爱好、特长、性格、价值观和优缺点，忽视情商这一重要因素。情商主要是指人在情绪、情感、意志、耐受挫折等方面的品质。心理学家们普遍认为，情商水平的高低对一个人能否取得成功有着重大的影响作用，有时它的重要性会超过智商。所以，在自我评估时一定要对自身的情商有一个客观的认识。

（二）环境分析存在的问题

环境分析缺少针对性。对就业形势的评估，只是从宏观的角度来分析，没有具体到自己本省本地区的实际就业形势，缺乏针对性。此外，很多高职生还经常忽略所学专业的就业形势。如计算机专业学生若打算就业地点在上海，那就应该分析上海的计算机专业供需市场、要求的学历层次、竞争对手等方面的内容。

对行业、职位了解的途径单一。大部分学生是通过互联网对行业、职业

进行了解，认识比较单一，还应通过多种途径，例如校友会，人才招聘会，行业展览会，专业协会，生涯人物访谈，与毕业的师兄、师姐、在职人员以及该行业的领军人物、资深的职业生涯规划师交流等。

（三）职业生涯目标设定存在的问题

目标设立过于理想化。很多美好的愿望，看起来非常不错，可一旦回到现实，就成了空中楼阁，无法实现。由于高职生缺乏对行业、职位、就业形势等详细信息的了解，体验不到真实的职业环境，目标的订立通常过于理想化。高职生最好根据自己的专业知识做出职业规划，抱着积极而又务实的心态，从一点一滴做起。

制定职业目标定位分析不明。有的高职生不了解选择职业目标的原因和达到目标的途径，缺乏应有的能力。还有的高职生在职业目标定位时，并没有把自己的专业技能与企业所需的职业能力对应起来，造成专业与职业相脱节。

（四）行动计划与措施制订存在的问题

有些学生在制订行动计划时往往忽视计划的可操作性。高职生的职业规划多是从互联网搜索得来的，没有了解在职人员的实际经历。制订行动计划时模糊，没有规划时间，没有确定的社会实践的地点，没有计划读的具体书籍等。

大多数学生注重专业课的理论学习，轻实践。对此，大学生应该多和职场人士沟通、交流，获取足够多的行业、企业和职位信息，以保证职业规划的现实性和可操作性。

（五）评估与反馈存在的问题

有一部分学生只注重计划的制订、实施，而轻视评估与反馈这两个步骤。对于计划实施中反映出来的问题忽略不计，也没有对今后应该如何修正等问题做出分析。有一些学生只是在规划书中提到如果未能按原计划实行，那么就从事别的工作，但没有说明为什么要放弃这个计划，又为什么要选择另一份职业。

正确的方法应是根据自身发展变化与社会需求的变化，与时俱进，灵活调整，不断修正、优化职业生涯规划，主动适应各种变化，列出备用方案。

五、大学生职业生涯规划范文

前　言

随着我国国力增强，重工业领域的发展也愈加成熟和先进。企业为了适应重工业发展的高需求、高标准、严要求，对技能人员的需求越来越大的同时，对技能人员的专业素养要求也越来越高。我们应抓住机遇，力求在行业蓬勃发展的好时机下谋得最佳的职位，并在日后的工作中承担重任。为此，我必须把自己锻炼成吃苦耐劳，具有合作意识、团队精神、技术过硬的专业技能人员。我的职业目标是毕业后能顺利进入国内机电行业中顶尖的公司工作，并在两年的时间里做到一线的高技术人员。我会先从最低层做起，不怕吃苦，勇于创新，相信坚持下去一定会成功的。

一、自我认知

1. 测试项目及结果

项　目	结　果
职业兴趣特征	喜欢帮助别人解决困难，乐意帮助人。喜欢独立地解决问题，通过实践来证明结果
匹配职业	主要是各类工程技术工作，例如：机械工、电工、自动化技师
霍兰德职业倾向测试	R（实际型）：动手能力强，做事手脚灵活，偏好具体任务，不善言辞 I（调查型）：抽象思维能力强，对喜好事物求知欲强，肯动脑，善于思考

2. 别人眼中的我

	优 点	缺 点
家人	听话、懂事、孝顺	不经常出去玩
老师	认学	不善于表现
朋友	勤奋、老实	处事方面欠缺
同学	吃苦耐劳、认真	涉及面窄
其他	对待事情认真	遇事不灵活

3. 自我认知小节

自己的理想是成为一名技师。通过霍兰德职业倾向测试，发现自己适合做一些动手能力强的工作，如：机械工、自动化技师等。通过别人眼中的我得知，自己的优点是对事物的态度认真、仔细，缺点是不善于人际交往，需要进行自我心态的调整。

二、职业认知

（1）我的职业目标

我的职业目标是努力学习，使自己成为机电行业内顶尖的技能人员。

（2）行业发展现状和前景

机电一体化是众多科学技术发展的结晶，是社会生产力发展到一定阶段的必然要求。它促使机械工业发生战略性的变革，使传统的机械设计方法和设计概念发生革命性的变化。大力发展新一代机电一体化产品，不仅是改造传统机械设备的要求，而且是推动机械产品更新换代和开辟新领域、发展与振兴机械工业的必由之路。

（3）岗位要求（技术、素质）

技术要求：专业对口且学习成绩优良的毕业生，较强的动手能力。

素质要求：思想政治素质高，有上进心和团队精神，无不良行为记录。能吃苦耐劳，工作认真、细致，有很强的责任心。

（4）个人优势与劣势分析

优势：所学专业为机电一体化，专业知识扎实，喜欢在专业领域内思考与探索。

劣势：英语成绩不太理想，不善于人际交往与自我表达。

三、职业规划和实现途径

（一）职业生涯规划

我的职业目标是毕业后能顺利进入国内机电行业中顶尖的公司工作，并在两年的时间里做到一线的高技术人员。

（二）实现途径

普通工人—熟练工人—技术人—高技术人员

四、行动计划及策略

计划名称	时间跨度	目　标	策略方法
大学计划	2020.9–2023.2	掌握各科知识	每天用精神饱满的状态去学习
	2020.9–2021.6	英语四级	每天早晨至少学 10 分钟英语，坚持每晚背一单元英语单词
	2021.9–2022.2	考高级电工证	在保证英语学习的前提下，熟练掌握电子技术
	2022.3–2022.6	交际学习	多观察，多留意别人的交际能力。多表现自己
毕业后计划	2023.1–2023.6	顺利进入公司	不再放纵自己，严格要求自己，主动向前辈学习经验
	2023.6–2024.6	技术人员	珍惜机会，甘于吃苦，勇于创新
	2024.6–2025.6	高级技术人员	坚持边认真工作，边认真学习不足之处

五、结束语

这是我现阶段制订的职业生涯规划，我将以此为自己的前进路线。在未来几年里，随着知识的不断积累，思想和经验的日趋成熟，会不断地去更新和修正自己所制订的职业生涯规划不足的地方，使自己的规划更加实际和理智。为了能更好地适应社会，实现自己的职业目标，希望自己能够坚持下去，扎实学好专业知识，为将来的学习与工作打下坚实的基础。我始终坚信，付出终有回报！

课堂活动

请结合自己的情况写一篇职业生涯规划书。

延伸阅读

职业生涯规划设计可按照以下12个步骤进行：

第一步，将目标写下来。要追求事业的成功，唯有将目标写下来。具体就是在纸上用肯定的语气写下："我一定要实现××的目标。"这句话就是你的总目标，或者说是大方向。

第二步，设定一个期限。审视你所写的目标预期希望达成的时间。有实现时间的才能叫目标，没时间的只能叫梦想。

第三步，列出你要达成这个目标的理由。建议你明确、扼要、肯定地写下你实现它们的真正理由，告诉你自己能实现目标的把握和它们对你的重要性。也可以问自己这个问题："我为什么要这么做？"这个问题可以回答两件事：第一件事就是这个问题使你确定这是你的目标而不是别人的，第二件事就是这个问题会增强你达成目标的欲望。尽可能多地将这些理由一一列出，这将成为你实现目标的动力源泉。

第四步，将大目标切割成若干个小目标。请针对你的总目标，写下实现它的每一个步骤。从时间上来说，就是假如你设定了1个一年的目标，你应该再分别设定两个半年的目标、4个季度的目标、12个单月的目标。同时设立一个奖励自己的办法，这种做法能让你常保持积极心态。

第五步，分析你现在的情况，盘点你所拥有的资源。给自己准确定位，科学认识自我、评价自我。找出自己的长处，分析自己最大的优势和最大的劣势分别是什么。列出一张你所拥有资源的清单，里面包括自己的个性、朋友、财务情况、教育背景、能力以及其他，这份清单越详尽越好。

第六步，找出你过去的成功经验。接下来请回顾过去，找出你认为最成功的两三次经验，仔细想想是做了什么特别的事，才获得事业、健康、财务、人际关系方面的成功，请记下这个特别的原因。

第七步，确认你要克服的障碍。成功就是克服障碍。要先确认你的障碍，将它们列出来。其次，对障碍进行排序，找出哪一件事影响最大，发掘通往成功路途中的大石块并全神贯注地解决它们。

第八步，确认你所需要的知识。不管设定了什么目标，想要完成它，你必定需要更多的知识。首先，要确认你需要什么知识；其次，为你的知识设定优先顺序；最后，确定如何去获取这些知识。

第九步，列出谁是你的客户。凡是可以协助你达到目标的人都是你的客户。因此，从理论上讲全世界的人都是你的客户，但是你必须从目前可以叫出名字或者是知道名字的客户开始。同时，由于一个人的时间和精力都是有限的，因此要优先找出最重要的客户，优先行动，在他们身上付出更多的努力，这样你可能会达到事半功倍的效果。

第十步，将你的目标视觉化。视觉化，是将你所期待的目标设定为一个清楚的心理景象并想象它的结果，尽你一切的可能建立这个心理景象，而后不停地想象你的目标已经被实现的样式。不断地重复这一过程，一直到这个景象深深地印在你的潜意识当中。

第十一步，为自己找一些值得效法的模范。从你周围或名人当中找出三五位在你目标领域中有杰出成就的人，简单地写下他们成功的特质和事迹。做完这件事后，请你闭上眼睛想一想，仿佛他们每个人都会提供你一些达成目标的建议，记下他们每一位建议的方法，去指导自己的行动。

第十二步，核对你所列的目标，是否与形成结果的五大规则相符。用肯定的语气来预期你的结果，说出你的希望；结果要尽可能具体，还要明确完成的期限与项目；事情完成时你要能知道完成了；要能抓住主动权，而非任人左右；是否对社会有利。

最后还需要注意的是要使目标多样化而且有整体意义，还要在行动中对目标的实施进行定期总结、检查和更新。

项目六 分析就业形势

任务一 就业形势：毕业生都去哪儿了

学习目标

1. 了解最新的就业形势，分析 2021 年毕业生就业现状。

2. 了解并分析高职毕业生就业情况：就业落实率、专业就业满意度、高职生收入情况等。

案例导入

2011 年主修汽车应用与维修专业的何飞毕业后，加入了神龙汽车，入职后他从基层的操作工人做起，在一线工位努力钻研技术，通过技术改善、节能降耗、项目优化等多项降本增效措施，为公司节约成本 646 万元。在公司对人才的培养体系的支持下，他在完成本职工作的同时，积极思考总结经验，用心编制及修订培训课件 30 余项，组织一线培训 25 场次，为工厂员工培训建立了一套完整的课件，帮助了更多同事伙伴在工作上取得进步。现在他已经荣获四川省劳动模范、成都市五一劳动奖章等多项殊荣，成为在蓝领工作岗位上走出具有鲜明特色的职业发展之路的优秀代表。

谈及过往，何飞表示，十年前刚参加工作时，也曾失落和茫然过。起点低，没有好的学历，也没有一技之长，一度让他陷入困惑中。但是公司良好的发展氛围激发了他在拼搏中成长，于是他主动工作，努力钻研技术，练就过硬的技能。

毛君2016年从华东地区某职业院校毕业后，进入一家国际知名连锁快餐公司，接受了公司的体系化培养，3年后成为地区顾问（管理3家店），之后辞职在上海松江大学城附近开了以经营家乡特色的餐饮店。店面的装修充分展现了他爱好骑行的特色，也颇受学生群体的喜爱，目前店面已经扩展到2家。

这些来自身边的鲜活案例，向我们展示了如今蓝领工人们的职业发展之路充满的多样性，与其他群体一样未来可期。

一、2021年毕业生就业现状

2021年，我国高校毕业生总规模909万，比2020年增加35万，创历史新高，毕业生求职就业状况备受各界瞩目。智联招聘发起2021大学生就业力调研（数据截至2021年4月），聚焦就业去向、就业期待等方面，从学历、毕业院校、专业等维度，全面呈现后疫情时代大学生就业现状。

（一）就业去向

1. 2021届毕业生就业心态显平和。
2. 专科生、本科生提升学历意愿强烈，自由职业拓宽就业路径。
3. 超2成双一流院校毕业生决心深造，比例明显高于普通本科院校。
4. 家庭收入左右事业方向，中高收入家庭毕业生自雇佣倾向更高。

具体来看，在已签约的男女毕业生岗位中，技术占比为最高，但男性签约人数几乎较女性高出一倍；还有12.8%的男性毕业生签约研发一职，女性则占比7.8%。对女性来说，财务、审计、税务与人力资源共同以11.8%的占比排在第二，远超男性毕业生；运营、公关等岗位的女性签约率也更高。其中，专科生、本科生提升学历意愿强烈；自由职业拓宽就业路径超2成；双一流院校毕业生决心深造，比例明显高于普通本科院校。

（二）就业期待

1. 23.9% 的毕业生降低期望薪酬。
2. 高学历人才对竞争压力感知更强烈。
3. 应届生期望薪资较去年提高，主要聚集 4000 ~ 6000 元区间内。

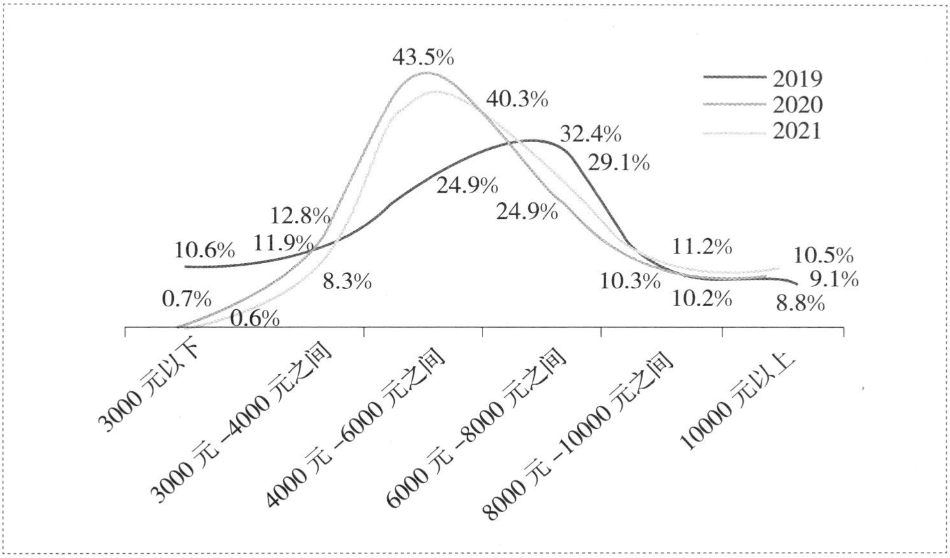

图 6-1　近三年期望薪资对比图

4. 求稳心态加剧，大学生对国有企业和国家机关热衷度提高。
5. 毕业生期待雇主发展潜力与稳定性兼备，中型企业最受青睐。
6. 心怀“大厂梦”，大学生最期待进入互联网企业。

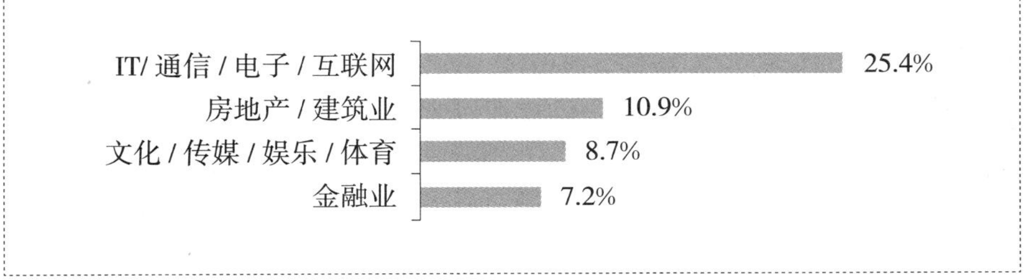

图 6-2　2021 年毕业生最期待进入的行业

7. 理工科毕业生首选技术岗，文科生则偏好职能岗。

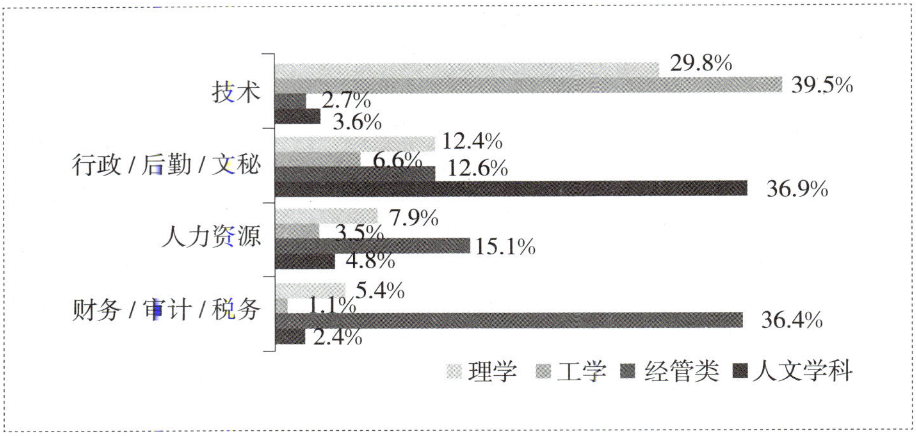

图 6-3　2021 年不同学科门类岗位选择

截至 2021 年 4 月中旬，求职毕业生已收获 Offer 者占 62.8%，已签约者占 18.3%；硕士生录取与签约率均最高；近 4 成双一流院校求职毕业生已签约，就业进展好于普通本科生；工学毕业生录取率接近 7 成，语言类垫底；8 成签约毕业生工作与专业对口，84.7% 认为符合预期；37% 签约男生落定技术岗。

结合现实情况来说，虽然年轻准职场人面对就业更加从容，但毕业生也应该避免眼高手低和佛系等待，积极通过技能提升、实习、求职准备等行动，争取更多机遇。

二、高职毕业生就业形势

（一）就业率情况

根据麦可思研究院《2021 年中国高职生就业报告》数据显示，2020 届高职毕业生半年后就业率排名前 5 的专业大类为：土木建筑大类（92.9%）、生物与化工大类（92.8%）、能源动力与材料大类（92.7%）、水利大类（92.1%）、装备制造大类（92.0%）

数据显示，疫情下建筑、化工、电力、能源等传统支柱产业受到的冲击较小，充当了毕业生就业的“稳定器”与“压舱石”，与上述领域相关的专业整体就业率较高，而旅游、住宿、餐饮等服务领域因疫情而大面积停摆，相关专业毕业生的去向落实也受到了影响。

（二）高职专业就业满意度

就业满意度是毕业生对工作现状的主观评价，受薪资、福利待遇、工作环境、职业发展、工作稳定性等多方面因素影响。

表 6-1　近三年毕业半年后就业满意度较高的高职专业

排名	高职专业	2020届就业满意度（%）	排名	高职专业	2019届就业满意度（%）	排名	高职专业	2018届就业满意度（%）
1	铁道供电技术	80	1	铁道机车	80	1	电气化铁道技术	79
2	铁道机车	79	1	铁道供电技术	80	2	电力系统自动化技术	77
3	电力系统继电保护与自动化技术	78	3	电力系统继电保护与自动化技术	79	3	电力系统继电保护与自动化技术	76
4	电力系统自动化技术	77	4	电力系统自动化技术	77	3	高压输配电线路施工运行与维护	76
5	畜牧兽医	75	4	空中乘务	77	5	畜牧兽医	75
5	动物医学	75	6	学前教育	73	5	导游	75
5	社会体育	75	7	导游	72	7	美术教育	74
5	供用电技术	75	7	医学美容技术	72	8	城市轨道交通运营管理	73
9	医学美容技术	74	7	畜牧兽医	72	8	空中乘务	73

续表

排名	高职专业	2020届就业满意度（%）	排名	高职专业	2019届就业满意度（%）	排名	高职专业	2018届就业满意度（%）
9	铁道工程技术	74	7	小学教育	72	8	学前教育	73
9	空中乘务	74	7	社会体育	72	11	金融保险	72
9	铁道交通运营管理	74	7	铁道工程技术	72	11	医疗美容技术	72
13	视觉传播设计与制作	73	7	环境工程技术	72	13	汽车技术服务与营销	71
13	信息安全与管理	73	7	供用电技术	72	13	市场开发与营销	71
13	物业管理	73	15	音乐教育	71	13	社会教育	71
16	园艺技术	72	15	信息安全与管理	71	16	发电厂及电力系统	70
16	药学	72	17	旅游管理	70	16	信息安全技术	70
16	旅游管理	72	17	园艺技术	70	16	市场营销	70
16	食品营养与检测	72	17	城市轨道交通机电技术	70	16	助产	70
16	音乐表演	72	17	市场营销	70	20	铁道工程技术	69

数据来源：麦可思－中国 2018 ~ 2020 届大学毕业生培养质量跟踪评价。

根据麦可思的调查数据来看，2020 届毕业半年后就业满意度最高的高职专业是铁道供电技术（80%），铁道机车（79%）、电力系统继电保护与自动化技术（78%）位居第 2、第 3，排名第 4 的专业是电力系统自动化技术。

数据显示，在 2020 届就业满意度较高的高职专业 TOP20 榜单中，交通运输大类专业就占了5个（铁道供电技术、铁道机车、铁道工程技术、空中乘务、铁道交通运营管理）。随着近些年我国高速铁路、地铁、轻轨的快速发展，交通运输类人才需求攀升明显。产业发展为相关专业人才提供了更多的就业机会，且2020届毕业半年后铁道供电技术、铁道机车、铁道工程技术、铁道交通运营管理等4个专业月收入较高，均超5000元，就业前景明朗。

畜牧兽医、社会体育、医学美容技术、铁道工程技术、空中乘务等专业连续三年进入就业满意度较高的高职专业TOP20榜单。此外，动物医学、视觉传播设计与制作、物业管理，这三个专业是2020届新进入就业满意度TOP20的高职专业，就业满意度分别为75%、73%和73%。

（三）收入情况

从近几年来看，高职毕业生的月收入呈持续增长状态。具体到专业，2020届毕业生月收入最高的高职专业是空中乘务（5533元），其次是铁道工程技术（5503元）。机电设备类、化工技术类、城市轨道交通类、道路运输类的月收入则在近几年持续保持在较高水平，这或许与近年来我国交通运输及物流产业迅猛发展，交通运输类人才需求迅猛增长有关。

涉农专业高职毕业生中从农人群的月收入近五年也在稳步增长，从2016届的3490元增长到了2020届的4272元，整体上略高于学农未从农的毕业生月收入。在工作3年以后，从农人群月收入优势更明显，2017届“学农从农”毕业生工作三年后的月收入为6440元，相比自身毕业半年后月收入（3723元），涨幅为73%，并且高于学农未从农的毕业生（三年后月收入6272元，相比半年后涨幅为70%）。农业类的职位晋升比例（63%）居首，其后是通信类和机电设备类专业，职位晋升比例均为62%。

以收入增长率为标准来看，麦可思的研究数据显示，在2020届高职生毕业半年后，食品药品管理类和药品制造类的月收入增长率最高，或许与疫情下防护用品、药品的需求激增，对相关专业人员的需求较大有关。

从各专业类职业发展中期数据来看，道路运输类和药品制造类的职业中期收入增长势头好，农业类、通信类、机电设备类有相对更多的职场晋升机会。

综合来看，社会需求、相关专业培养质量、毕业生能力水平、职业特点等都会对毕业生薪资产生影响，而那些与新兴行业发展紧密相关、人才需求量大且专业门槛高的专业毕业生，更容易获得高薪酬就业机会。

拓展阅读

高职毕业生成为职场“香饽饽”

随着我国经济快速发展和产业转型升级步伐的加快，不少高职院校的毕业生还未出校就被企业“抢购一空”，甚至出现了“整班端”的现象。某产业研究院的数据显示，在现代制造业、战略性新兴产业和现代服务业等领域，一线新增从业人员 70% 以上来自职业院校毕业生，支撑着这些产业的发展。

现在企业到了用工荒的时候，特别是懂技术的人，一才难求。当前，企业对于技术型人才的需求已经到了非常迫切的地步。有相当一部分总部在上海，工厂在江苏太仓、昆山等地的企业，除了自己雇佣员工以外，还纷纷通过与两家甚至三家人力资源公司合作去招聘企业需要的技术型人才。随着技术人才的紧俏，企业这几年付给人力资源服务公司的招聘费用也在逐年增加。即便如此，企业仍然缺大量的技能应用型人才。《中智咨询 2021 年一线蓝领用工管理及薪酬策略调研报告》显示，随着智能制造和自动化技术的推进，企业对于技能蓝领的需求呈上升趋势，普工需求整体呈下降趋势。其中 41.3% 的企业表示技能蓝领的用工数量增加。

作为技术应用型人才培养的高地，高职院校也一直在探索契合社会市场环境的办学之路。新时代的经济发展中，职业教育一方面需要服务本地的劳动市场，另一方面，也受到企业的反向作用。市场环境的新变化，让企业对人才“来了就要能做”的诉求变得益发迫切，而高职教育的课程设置以及培养的周期也需要不断调整以跟上市场发展的脚步。

2019 年，国务院发布了被社会称为“职教 20 条”的《国家职业教育改革实施方案》（以下简称为《方案》）。《方案》提出，深化产教融合、校企合作，育训结合，健全多元化办学格局，推动企业深度参与协同育人，扶持鼓励企业和社会力量参与举办各类职业教育。

作为企业，也迫切期待可以深度参与职业院校的人才培养中。《中智咨询2021年一线蓝领用工管理及薪酬策略调研报告》显示，蓝领招聘渠道多样，近六成企业设立内部推荐奖励制度吸引人才。另外，有部分企业采用现场招聘或推介会、对接中职技校、校企联合培养等招聘方式。

与白领相比，蓝领人才在大众的印象中总是与“下岗”“流水线”“脏乱差”联系在一起，但是现在，随着人才的稀缺性和重要性的进一步突出，蓝领人才得到了高度重视。特别是工厂型企业，对乐于学习的“好苗子”都不遗余力地培养。

不少企业反馈，在招聘时考虑新一代员工对生活、自我发展等多方面的诉求，普遍会关注给工人提供一个成长的空间。年轻的技术人们，早已经不再把自己看成卖苦力的农民工，不会单纯为了赚钱拼命。

当前，从事现代制造业的大部分企业会通过在既有资源上以不同的方式给予技术人才培养以及成长空间，除此以外，不少现代服务业行业内企业也正在建立起完善的人才培养体系。比如，在麦当劳、星巴克，除却自身企业大学培养人才以外，其拥有的严格且丰富的培训制度，可以让中专或高职院校毕业生们获得如何经营一家门店、管理多家门店的技能和商业知识，其中不少人在学成之后，走上自行创业开店的道路。

项目七 做好求职前准备

任务一 就业信息搜集：信息即负熵

学习目标

1. 了解就业信息的类型。
2. 掌握获取就业信息的渠道。
3. 理解就业信息的获取原则。

案例导入

新冠疫情发生之后，为帮助高校毕业生“全年 365 天随时‘云’就业”，教育部正式推出 24365 全天候的网上校园招聘，24 小时全天候为毕业生服务。

2021 年普通高校毕业生有 909 万，教育部通过多种途径开辟招聘渠道，同时要求各省市、各高校大力增加紧贴经济社会发展所需要的以及与专业匹配度高的岗位来举办网络招聘会。此外，教育部还寻求与社会招聘网站的合作，比如前程无忧、智联招聘、BOSS 直聘、中华英才网和猎聘网。它们都开启了校园招聘专区，并免费为大学毕业生提供高质量服务。这是疫情发生后教育部着力要做的事情。

众所周知，在当今信息化时代，信息就是机会，信息就是商机。在就业市场日趋激烈的竞争态势下，高职生掌握就业信息十分关键。但信息收集和处理并不是简单的事，它是个人素质的综合反映。毕业生只有捕捉到最适合自己的就业信息，并对信息进行合理地分析和处理，才能做到把握机遇，果断出击。

一、就业信息的类型

就业信息的内容十分广泛，作为初次择业的毕业生应主要了解以下三个方面的就业信息。

（一）就业政策

1. 国家就业的方针、原则和政策

国家就业方针及原则是毕业生就业的出发点和归宿，是高职生首先要遵守的。国家就业政策涉及多个方面，如鼓励高校毕业生到基层，到中西部地区就业；鼓励高校毕业生应征入伍服义务兵役；积极聘用优秀高校毕业生参与国家和地方重大科研项目；鼓励和支持高校毕业生到中小企业就业和自主创业等。

2. 相关的就业法律法规

高职生了解法律法规，依法办事，不仅可以取得合法权益，而且可以捍卫自己的正当权利，减少不必要的损失。高校毕业生必须清楚地了解就业相关的法规、法令，学会用法律来保护自己。目前已出台和施行的有《中华人民共和国劳动法》《中华人民共和国反不正当竞争法》《中华人民共和国劳动合同法》等。

3. 地方的用人政策

各地区、各单位根据国家的有关规定，结合本地区的情况，对毕业生的引进、安排、使用、晋升、工资、待遇等制定了一系列更为具体的规定。不少地区为了吸引人才，还制定了许多优惠政策，这是高校毕业生应该了解的。如潍坊市出台了多项鼓励大学生创业的政策：大学生可 1 元申办公司，发放创业补贴等。

4. 学校的有关规定

为了调动学生学习的积极性，保证毕业生就业的顺利进行，学校一般会根据国家的政策要求制定若干补充规定，这也是毕业生应该了解和遵守的。

（二）就业程序

毕业生应该清楚毕业生的就业是由地方、学校哪个部门或哪个机构来负责与管理的，例如，高校通常由大学生就业中心负责。当毕业生在求职过程中遇到了困难和问题时，可以随时向有关的机构咨询。此外，什么时间开始和终止联系单位；签订就业协议必须履行哪些手续；在学校规定的时间内没有同用人单位签订就业协议，户口和档案将转到何处；调整改派的程序和手续等问题，毕业生都需要了解清楚。

（三）供求信息

与就业有关的供求信息主要包括以下 5 个方面。

1. 了解国家政治、经济建设方针、任务和发展战略，了解产业的分类与结构，以及随着社会发展产业结构发生了哪些调整和变化等。了解职业的分类与结构，以及该职业发展的趋势，使自己的职业规划更全面、更长远，在国家建设的大背景下找到自己的正确位置。

2. 当年毕业生总的供求形势，即与自己同时毕业的学生有多少，而用人单位的需求有多少，是供大于求，还是求大于供，或者两者基本平衡；哪些专业紧俏，哪些专业供大于求。

3. 本专业培养目标、发展方向、适用范围，以及对口单位的情况。

4. 同自己专业直接对口或相关的行业、部门和单位的现状和发展趋势。

5. 用人单位的信息。在选择就业单位时，毕业生往往会犯一些常识性的错误。例如对用人单位情况不了解，又没有一定的对比，于是在择业时带有很大的随意性和盲目性；只挑选大城市而不问用人单位的性质、业务范围；盯着有“关系”的单位，企图靠“关系”得到提拔和重用；只图单位名称好听就盲目拍板等。这些都是片面的，为避免这类错误，对用人单位有比较客观的评价，关键在于掌握用人单位的信息。一般来说，毕业生应该掌握以下几个方面的情况。

（1）用人单位的准确全称。

（2）用人单位的隶属关系，它的上级主管部门是谁（指人事管理权限）。

（3）用人单位的联系办法，如人事部门联系人、电话、通信地址等。

（4）用人单位的所有制性质。

（5）用人单位需要的专业、使用意图、具体工作岗位。

（6）用人单位对所需人才的具体要求。

（7）用人单位的规模、发展前景、地理环境、经营范围和种类等。

（8）用人单位的福利待遇（包括工资、福利、奖金、住房等）。

对用人单位的信息掌握多一点，求职的选择机会就多一点；对招聘单位了解多一点，求职的成功希望则会多一点。掌握和了解用人单位的信息量越大，判断准确率越高；反之，则越低。所以说，能否很好地收集、分析和活用用人单位信息，是对一个高校毕业生所学知识和能力的又一次检验。

二、获取就业信息的渠道

高校毕业生获取就业信息的渠道和方法多种多样，由于个人情况、社会背景、家庭状况等原因，获取就业信息的渠道和方法存在着差异。就业信息搜集的渠道很广泛，这里列举几种，同学们可以根据自己的实际情况进行选择。

（一）网络渠道

通过网络求职对许多求职者特别是高校应届毕业生来说已经十分熟悉了。毕业生不仅可以从互联网上获取各种职业信息，而且能直接在互联网上进行简历投递以及视频面试等。网络获取信息的渠道主要有：官方就业网站，如全国大学生服务公共立体化平台、中国就业网、山东高校毕业生就业信息网、山东人事考试信息网、各高校就业网站；专业求职网站，如智联招聘、前程无忧；等等。

（二）校园招聘会

校园招聘会是对毕业生而言最有效的求职渠道。每到求职季，有毕业生聘用计划的用人单位就会分批分期地进驻各大高校进行校园招聘。校园招聘会往往具有时间集中、信息量大、专业对口、针对性强、双方了解更直接的特点，是毕业生了解信息、成功择业难得的机会。而且毕业生可以通过与用人单位直接见面，获取更多信息，比较简捷、有效。

（三）学校就业指导中心

学校的毕业生就业工作办公室或毕业生就业指导中心是主管高校毕业生就业工作的行政管理部门，在长期的工作交往中与各部委和省市的毕业生就业主管部门及用人单位有着密切的联系，社会对毕业生的需求信息往往汇集到这里。

在毕业生就业过程中，他们会及时向毕业生发布有关需求信息，进行就业指导，让毕业生大致了解当年社会对高职生需求的状况及就业的有关政策规定，学生本人也可以就有关问题进行咨询。学校毕业生就业工作办公室或毕业生就业指导中心是获取用人单位信息的主渠道，提供的信息无论是数量还是质量都有明显的优势。

（四）社会关系

每个人都是纷繁的社会关系网中的一个节点，人际网的互相联络是交流各种信息的纽带，要善于利用这种信息传播途径。这种社会关系包括自己的父母、亲戚、朋友、邻居、同学、校友，也包括自己本专业的老师和班主任。本专业的老师和班主任的推荐应该是较适合你的，且成功率也较高。一方面，他们对行业领域有一定的了解和研究；另一方面，他们对你的性格、职业倾向和职业能力也有一定的了解。

（五）社会实践

社会实践是高职生获取就业信息的主要途径。在社会实践的过程中，毕业生可以直接掌握最可信的就业信息。如果在实习过程中能与用人单位达成就业意向，那就再好不过了。注意在实习和实践时，选择与自己的专业、未来的职业目标更加吻合的实践机会，最好能与自己的职业生涯规划的阶段目标统一起来。

（六）自荐

毕业生可以在国家就业方针和政策的指导下，在允许的择业范围内，通过邮件、电话、拜访等自荐的方式与用人单位联系，有目的、有计划地获取自己需要的就业信息。但是此种获取就业信息的方法带有很大的盲目性和投机性，且需要花费的时间、精力甚至经济成本都比较大。

三、就业信息的获取原则

高职毕业生通过各种渠道和方法收集到的原始就业信息可能比较杂乱，因此应根据自己的实际情况和需求，对信息进行比较分析，去粗取精，去伪存真，有目的、有针对性地加以筛选和处理。在处理这些信息时应把握以下原则：

（一）适合自身原则

毕业生首先要充分认识自己，然后根据自己的专业、特长、能力、性格等方面的特点搜集信息，避免范围过大。每个人的情况不一样，毕业生应选择适合自己的信息，认真考虑自己是否适合和愿意从事这个职业，并做出取舍。一旦确定之后，就要根据信息的要求认真制订自己前去参与竞聘的具体方案。判断就业信息是否适合自己，不应只看表面和眼前，还要放眼未来。或许现在你求职的单位只是个名不见经传的小单位，但以后可能会有较大的发展潜力。

（二）重点掌握原则

首先，对搜集来的信息进行必要的调查了解，逐条分析优势和不足，选出有使用价值的重点信息，标明并注意留存，一般信息则仅作参考。其次，将自己选出来的重点信息再分别进行较为详细的调查分析，包括用人单位环境、条件、发展前景及对人员需求的情况、录用条件等。最后，要善于开拓信息，许多信息的价值往往不是直观的，要善于通过有限的招聘文字，了解其背后深层次的背景、文化和精神。

（三）时效性原则

人才市场瞬息万变，用人单位发布需求信息后，随时都会收到毕业生的求职信息，及时与用人单位联系能体现出你积极的态度，为求职成功增加砝码。因此，搜集到就业信息后，应注意需求信息的时效性，以免错过最佳时机。

但是毕业生求职时，有时也要关注过时的信息。因为有些单位可能同时招聘几十人。一次招聘会后，这些职位不一定都招满，可能会剩余一两个空缺，可是单位不会为这少数的职位再单独开展一次招聘会。

（四）真实性原则

招聘信息五花八门，每一则招聘信息都应认真研读，找到其中真实的内核。我们应通过正规渠道，从不同的侧面、角度对就业信息进行可信度调查，以确保真实有效，具有利用价值。

四、就业信息的利用

就业信息的利用是指对经过求职者理解并加工处理后的信息的一个转换过程，即依据信息进行择业的过程。对搜集到的各种职业信息，进行了认真的分析辨别，并分门别类整理出自己的首选信息和备选信息之后，就可以通过这些信息明确职业选择的思路，确定职业选择的优先次序，制订相应的行动方案并开始行动。

通过获得的职业信息进一步了解市场需要和自身优势及不足，并对自己的职业规划进行必要的调整。所谓“隔行如隔山”，各行各业都有自己的特点和对从业者的不同要求。通过对职业信息的分析与整理，毕业生应正确评估自己的市场价值，对过高或过低的职业期望以及原有的职业规划进行适当的微调，使其更加符合实际情况。

对职业信息进行分类之后，按优先次序确定择业的范围并锁定目标。对搜集到的职业信息进行系统的分类之后，学生就可以根据个人的情况和市场对人才需求的符合程度确定大致的择业范围，即确定可供自己选择的职业和工作岗位。然后，就要在大致的择业范围之内确定若干个“重点培养对象”，以便集中精力“择优录取”。

制订行动方案并开始行动，要及时与用人单位取得联系或主动发出个人求职信息。一般来说，职业信息的时效性很强，而且要获得一个工作岗位可能还要面对若干个竞争对手，所以在确定择业目标之后应该在尽可能短的时间内与用人单位取得联系，先入为主，争取主动。

探索与思考

1. 面对当前的就业形势，你认为自己应该做好哪些方面的信息准备？你还有哪些信息准备不足？

______

______

______

______

2. 试想当你在搜集就业信息时，应如何高效地判断其真假，试着写下你辨别真伪的几个方法：

（1）______

（2）______

（3）______

（4）______

（5）______

拓展阅读

如何快速选出适合自己的岗位信息

（一）剔除不符合胜任要求的岗位

有些岗位名称看似相同，实质对胜任要求是完全不同的。这就要求我们通过仔细分析、比较任职要求和工作内容，找到岗位胜任关键词，并与自身具备的能力条件比对，继而选择出自己能够胜任的岗位。

比方说，有两个名称均为前台文员的岗位，一个岗位的工作内容为负责接待、接听电话、复印及相关设备的维护保养工作，办公用品、机票的订购，每月员工考勤，协助项目部绘制简单平面图。另一个岗位的工作内容为来电接听与转接，访客接待，快递收发与登记，行政文档整理，人事统计，面试预约。经过分析和比较，可以发现，虽然这两个岗位都涉及前台事务处理，但存在明显的差异，前者的关键词为“绘制平面图”，偏向设计类文员；后者的关键词为“人事统计”“面试预约”，偏向人事类文员，所以这两个岗位的岗位胜任要求是有区别的。

（二）剔除有风险的岗位

如果薪酬待遇与工作要求、内容不相匹配甚至相差甚大，如果公司简介、经营范围与招聘岗位不相匹配，如果招聘人数脱离公司实际用人需求，那么毕业生必须提高警惕，对这些岗位加以“关注”。建议可以通过进一步的网络搜索访问该单位网站、了解历史招聘情况、工商注册信息等，判断该岗位是否可靠、可信。千万别被舒适的工作环境、出国培训机会、优厚的福利等吸引眼球的字眼迷惑了。

（三）剔除不符合期望值的岗位

每个人对岗位的期望不尽相同，有的人愿意选择工作压力较小的岗位，有的人偏爱具有挑战性的岗位，有的人希望工作时间固定，有的人则希望工作单位离家比较近……所以在选择时，建议求职者根据自己的意愿、重要程度，排序出1—3个对工作的期望项（建议不超过3个），然后分别比照岗位信息，进行层层筛选。首先剔除不符合所有期望项的岗位，然后挑选出不符合其中一项的岗位，这些岗位可以待定，最后剩下的即为目标岗位。如果最后没有剩下的岗位，那么可从待定岗位中再进行比较、挑选。

（四）尽量选择有可发展空间的岗位

很多人觉得，发展空间是飘忽不定、难以把握的。的确，我们在应聘岗位时，无法肯定该岗位是不是有发展空间，但我们可以在仅有的岗位信息、企业信息的基础上，分析和判断出发展空间相对大一点的岗位。技巧基本上有这几种：一是企业所在的行业属于新兴行业，发展前景好；二是企业本身处在发展上升期；三是应聘岗位在企业的发展通道明确；四是岗位本身可以发挥自身特长，学到很多知识，积累的经验最终能形成自身核心竞争力。

（五）尽量选择能发挥自身优势的岗位

扬长避短是我们在岗位筛选时的一个重要法宝。选择可以发挥自身优势的岗位，对求职者今后的成长是有很大帮助的，所以要在充分认识自我的基础上，找到自身的核心竞争力，或是有可能成为潜质的地方，然后有的放矢地选择岗位。比方说，小王是商务英语专业的应届毕业生，她很喜欢自己的专业，学得也不错，同时希望进入职场后能进一步提高自己的专业水平。在面对外企和国企的行政文员岗位选择时，她发现两者的工作内容虽相差不大，但外企行政文员有机会接触外国人，有助于提高英语口语表达能力。尽管国企工资高一些、工作稳定一些，但小王最后根据自身情况，选择了外企行政文员岗位。小王之后的职业发展非常顺利，这就是一个在充分认知自我的基础上，选择发挥自身优势岗位的很好的案例。

任务二 求职材料的准备：求职路上的敲门砖

学习目标

1. 了解求职材料的类型。
2. 学习如何制作一份合格的简历。

案例导入

在热播综艺《令人心动的offer》第二季众多学历闪闪发光的求职者中，有一个人的简历让观众印象深刻。他就是李晋晔。面试过程中，他的简历给面试官们留下了一致的好印象。李晋晔的简历究竟好在哪里呢？

简历分析如下：

① 学历：乔治城大学法学硕士学位（金融法、证券法专修证书）。名校硕士，达到大公司要求的基准线。

② 从业能力：通过英语专业八级考试，通过法律职业资格考试。过硬的英语能力和专业功底，满足了岗位需求。

③ 加分经历：有过3次律所和1次法院实习经历，还参与过社会救助实践活动。对应届毕业生来说，这是一个突出的优势。大家的普遍认知是，实习生有实操经验，工作容易上手，可降低培养周期。

这份简历最大的优势是完美贴合了求职岗位的要求。也就是说，我们想要打动面试官，就必须让面试官看到一份符合岗位要求的简历。我们需要提供相应履历，证明自己拥有可以胜任岗位的能力，说服面试官来给我们机会。

一、求职材料的类型

求职材料一般包括个人简历、求职信、成绩单、推荐表、各种证书、实习或社会实践的鉴定材料、科研成果证明、论文或著作、推荐信等。

其中，简历是求职开始时最为重要的材料。每一次求职都绕不开简历这一关，无论是实习、校招还是社招，简历是你呈现给面试官的第一印象，你的每一次面试都将围绕着这页纸来展开。可以说，制作简历是就业过程中的第一关，是成功进入一家用人单位的敲门砖。好的简历，是你的职业生涯厚积薄发的结果，是你的品牌广告。一份合格的简历应该用简练的语言，把个人的价值清晰体现，帮助毕业生更大概率地获取心仪岗位的面试机会。

二、简历

要想求职成功，首先应认真正确完整地写好个人简历。个人简历是生活、学习、工作经历、成绩的概括，写好个人简历是为了让求职单位全面了解自己，从而为自己创造面试的机会，最终达到求职的目的。

（一）简历的内容

个人简历可以是表格式，也可以是开放式。个人简历一般包括以下几个方面的内容：

（1）基本情况：姓名、性别、出生年月、联系方式、政治面貌、婚姻状况、身体状况、兴趣、爱好、性格等。

（2）学业有关内容：就读学校、所学专业、学位、发表的与岗位相关的论文等。

（3）社会工作及实践经历：入学以来的简单经历，主要是担任过的职务、加入的社团、做过的兼职等方面的情况。

（4）所获荣誉：三好学生、优秀团员、优秀学生干部、专项奖学金等。

（5）所获证书：除学历、学位之外的证书，如大学英语等级证书、计算机等级证书、从业资格证书等。

（6）个人评价。

个人简历应该是个人学习、实践经历精华部分的浓缩，要写得简洁精练，切忌拖泥带水。个人简历后面，可以附上个人获奖证明的复印件，这些复印件能够给用人单位留下深刻的印象。

（二）简历的制作原则

各大公司的人事手头都会有几百甚至上千份简历，因此无论如何也不允许他在有限的时间内全部看完，所以人事的任务就是在短时间内筛选出足够的人参加面试。假设 100 个人应聘一个职位，仅需要 10 个人面试，那么淘汰率基本在 90% 以上。大部分简历在人事眼中都是一扫而过，人事阅读时间不会超过 1 分钟。所以，要使得自己的简历在初次筛选中脱颖而出，那么就需要遵循以下原则：

1. 简洁明了

由于人事阅读每份简历的时间很短，简历要把想表达的内容浓缩进短短的几十秒中，绝不能写得太多，不然人事抓不到亮点。除了姓名、年龄、出生日期、联系方式等一些必要的信息外，还需要突出强调个人的能力和特点，这才是别人开始了解你价值的敲门砖。而类似于“具有积极乐观的精神，有良好的书面能力和沟通技巧，有强烈的团队合作精神”等语句，不具有实际意义，是人事最可能忽略的。

在体现简洁明了的个人简历中，效果最好的就是表格格式，或者类似于表格进行分区的格式。简洁明了是这种简历最大的特点，方便人在阅读时有目的地寻找关键信息，是主流的简历制作方式。但是表格格式的简历使用人数很多，求职简历最重要的就是能够让自己在一众的应聘者之中脱颖而出，所以在选择个人简历表格格式的问题上，需要慎重考虑。只有与众不同且又简洁明了的简历，才能在第一时间引起用人单位的注意。

2. 先主后次

把主要的放在前面，次要的放在后面。比如工作经验、应聘职位、教育背景等都应写在前面，而自我介绍、兴趣爱好等最好写在后面。视觉主次分明的效果并不是全部体现在内容的介绍上，不同板块的内容安排在什么样的位置上同样是我们需要注意的问题，而关于重点与非重点的位置安排才是个人简历上突出主次分明特点的细节。公司人事拿到一份简历，第一眼就是看求职意向是否和招聘的职位相符。如果相符，简历才有可能进入面试官的手中。而面试完，一旦得到面试官的认可他们就会与你取得联系，所以个人基本信息这样的内容一定要放在首页的最开始的位置。

用人单位都想知道你可以为他们做什么，含糊的、笼统的、毫无针对性的简历会使你失去很多机会。如果你有多个职位目标，最好准备多份不同的简历，在每一份上突出对应职位的需求重点，这将使你的简历更有机会脱颖而出。

3. 语言得体

一份简历，运用的语言措辞适宜得当，会在无形中大大增加用人单位对你的好感，所以在简历语言方面有以下几个注意事项：

（1）多用主动词，少用被动词

主动词可以使你的简历显得简洁、清晰且干净利落，易于理解。

（2）语句简洁

如“……的平衡”改为“平衡”，“一定时间内的完整账目”改为“定期完整账目”，“每年做一次全年工作情况总结”改为“总结年度工作情况”。

（3）尽量以短语替代句子

简历要求内容言简意赅，而太多的整句会让招聘人员失去耐心。如“作为一个高级行政人员，我拥有……方面的知识”，不如改为“具有……知识的高级行政人员”；“我拥有出色的销售成绩”，不如改为“出色的销售成绩”；“每年我都要组织大会”，不如改为“组织年度大会”等。

（4）用词精准

许多负责招聘的工作人员都说他们最讨厌错别字，因此简历一定要认真检查，避免错字、病句等，句式以简明的短句为好，文风要平实、沉稳、严肃，以叙述、说明为主。

4. 要有针对性

（1）明确求职意向

意向合适的简历，才可能通过初筛进入下一轮，所以简历中一定要有求职意向，而且要放在醒目的位置。

（2）以求职意向与岗位要求为中心展开

这里有两点非常重要，一是对求职岗位没有帮助的信息尽量省略，二是对求职岗位有用的关键信息再小也需要表达出来。网投简历的时候最容易出现的状况就是，一旦看到单位的招聘信息直接把简历发过去，这其实是非常不理智的，极有可能错过面试机会。正确的做法是以招聘条件为提纲再次组织自己的简历，覆盖到它的所有岗位要求，投其所好。

5. 加入职业规划

简历上除了写求职意向外，还可以写上职业生涯规划，这样可以使企业觉得你方向明确、有想法。更重要的是可以使公司了解你选择它的目的，考虑你的规划与他们的培养机制是否符合。

6. 不要用同一份简历去投所有的公司

当我们求职时，不要有惰性的心理，以为制作一份精美的简历就可以一劳永逸。人事一眼就能看出你的简历是万金油型，还是精心为其工作岗位制作的。他们更希望看到的是你对公司的了解，对企业文化的认同，所以尽量在简历中体现出与公司、公司岗位相关的信息，表达足够的诚意。

课堂活动

请试着撰写一份简历，并循着以下几个问题找出简历的不足之处。

1. 标题：名字、地址、电话号码是否放在了首页的开头？地址是否是暂时的？电子邮箱是否填写完整了？

2. 目标：你的生涯目标是否清晰明确？是否突出了招聘要求的能力？是

否体现了他们所希望具备的基本水平？是否表述清晰、言简意赅？

3. 整体印象：简历看起来是否专业？换位思考，如果你是面试官你是否愿意阅读？思路是否清晰？拼写、语法、标点是否正确？

4. 排版：关键内容是否醒目？整体排版是否凌乱？格式是否一致？

5. 组织：关键信息是否能突出你的技能、能力和成就？

6. 行动导向：是否以积极的动词作为句子的开头？是否避免了介绍性词语？是否以结果为导向？是否避免了夸张和晦涩的形容词？

7. 简洁：是否使用了简短、清晰的书面语言？是否避免了过多使用完整的句子？是否使用了总结性的陈述？是否罗列了各项成就？

8. 相关性：是否删除了外部材料？是否聚焦于与经历有关的具体信息？是否提供了事实？是否避免了过分概括？

9. 争议性：是否避免了涉及有争议的活动或价值观？

拓展阅读

HR 是如何筛选简历的

简历的阅读者一般是企业的 HR 和各用人部门。即便不在校园招聘季，一些大企业核心岗位每天收到的简历也都数以百计，以 300 份算，1 份简历需要 1 分钟，那么 HR 需要 5 个小时才能看完，这还不算电话沟通、简历分类等工作。此外，HR 每天还有公司培训、员工绩效评估等其他更重要的工作安排。因此，事实上，一家大企业的 HR 浏览每份简历的平均用时一般不会超过 10 秒钟。你要想让自己的简历在这么短的时间内脱颖而出，必须充分了解 HR 的简历阅读习惯和“筛选套路”。

讲到底，人力资源部是企业对外招聘的窗口，负责将各部门的用人需求汇总，再发布到各大信息平台上。收到简历后，他们只对候选人进行初步筛选，然后将符合条件的那部分发送到用人部门。与业务和职能部门相比，HR 并不需要完全了解业务细节，他们初筛的标准通常有两点：一是从企业发展角度出发，看求职者的素质和能力是否和企业的发展步调一致；二是站在岗位和职业发展角度，看候选人的关键性的经验和能力是否与岗位要求匹配，所以很多时候他们只会看一些重点信息。

因此，让HR在最短的时间内获取他们最希望看到的信息就是简历胜出的关键。既然我们知道了问题的关键，那么如何解决这个问题呢？见招拆招，我们需要了解以下两点：HR常见的阅读习惯（视线重点停留区域），HR希望快速获取哪些重点信息。

那么HR是如何阅读简历的呢？正常人的阅读习惯都是从上到下、从左到右，所以不管是哪个网站或App，如果你要在顶端投放广告，价格一定是最贵的，因为这是最吸引眼球的位置。简历也不例外，中部偏上1/3的位置就是最核心的位置。

一般情况下简历的最顶端部分是个人基本信息，HR只有对求职者有兴趣并需要进一步联络时才会看这个部位的信息，而起初他们的视线会直接跳过这部分。他们浏览的重点，一定是与求职岗位最相关的，也是自己最有竞争力的部分，这部分一般都会被安排在中部偏上1/3的位置展示。这样做的好处在于，可以尽可能地保证HR不会错过你希望展示给他的重点，进而争取到面试的机会。

那么HR最希望获取哪些重点信息呢？在简历筛选过程中，HR不会一丝不苟地阅读简历，与其说是看不如说是从上到下快速“扫描”与岗位高度相关的信息，比如以下几类信息。

（1）学校/学历：如果招聘岗位对学校或学历有明确要求，或者你本身就是名校的毕业生，那么就应该把相关信息放在这个黄金窗口位置。金融行业有很多公司对求职者的学校和学历都划出了严格的标准，如“985”或者“211”院校、硕士以上学历；再比如一些上市公司，需要对投资者披露企业内硕士以上、本科以上学历人数占比等。在校学生找实习、应届生求职时，如果学校背景好，专业与岗位对口，最好把教育背景放在前面；而如果已经有了几年工作经验，教育背景就相对次要了。

（2）工作经验/实习经验：如果招聘岗位对经验要求比较高，就应该把相关的工作经验、实习经验等放在最前面。对于社会招聘，招聘部门往往更看重求职者以往的工作经验，包括曾任职的公司、岗位以及所取得的成绩等。

一般而言，这部分内容应按照时间顺序倒叙排列，因为越靠后的工作不管是职位、经验还是所取得的成就，通常都会比前一份要好一些。但是不少求职者会在不止一个岗位工作过，且公司类型也都不同，这种情况下建议你对排序进行微调，将与应聘岗位最相关的一段工作经历放在最上面。

（3）技能/刚性资格证书：如果招聘岗位对求职者的软件技能、硬件技能有硬性要求，就把这部分内容放到最前面。例如，程序开发类岗位往往需要掌握多种不同的语言、框架、数据库和相关技术，这就要求求职者在简历顶端对自己的技能进行高度概括。

项目八 掌握求职技巧（笔试与面试）

任务一 笔试：一笔一画见本领

学习目标

1. 了解笔试的内容，以及常见的笔试类型。
2. 熟悉并掌握笔试前应做哪些准备。

一、笔试概述

（一）笔试的定义

笔试是一种与面试对应的测试，是用以考核应聘者特定的知识、专业技术水平和文字运用能力的一种书面考试形式。这种方法可以有效地测试应聘人的基本知识、专业知识、管理知识、综合分析能力和文字表达能力等素质及能力。

笔试在员工招聘中起着相当大的作用，尤其是在大规模的员工招聘中，它可以有效客观地测试出应聘者的基本素质与能力，然后划分出一个基本符合要求的界限。笔试适用面广，费用较少，常常作为招聘过程中必要的考核环节来测试应聘者的基本素质与能力。

（二）笔试的内容

求职中的笔试与我们以往经历的课程考试并不一样，应当对它们的差别有所了解。目前招聘中常见的笔试内容有以下几种：

1. 专业考试

专业考试主要是为了测试求职者的专业知识水平，包括基础知识和专业知识考核。不同的工作岗位需要具备不同的相关知识，如财务部门的职员要了解会计知识、税务知识、财务制度、金融常识等。如果员工缺乏某种必要的知识，就不能很好地胜任工作，势必会额外增加许多培训费用。通过专业知识考试，招聘单位可以快速筛选掉一些明显不合格的应聘者。一般情况下，用人单位看了推荐表上的各门功课成绩，会在面试中提一两个专业问题，笔试就免了。但也有一些特殊的用人单位，需要通过笔试对求职者的专业知识进行系统的再考核。

2. 能力考核

在竞争日趋激烈的现代社会，终身教育的概念越来越为人们所认可，招聘单位更愿意选择聘用那些学习能力强、善于主动进行终身教育的人。衡量学习能力的一种简便、迅速、有效的办法就是测试应聘者的知识广度。因为一般来讲，知识面广的人知识迁移能力强，掌握新知识的速度也快。

3. 综合知识考试

综合知识考试又称广度考试，考试内容包罗万象，如语文、历史、自然常识、社会知识等，主要了解应聘者对基本常识、相关知识的了解程度或知识面的宽度。例如，在公务员考试中，通常包括人际沟通协调技巧、办公自动化、法律知识、行政管理、宏观经济、公文写作、时间管理知识等；在外交人员的招聘考试中，可能涉及对当前国内、国际重大事件的看法，当地的文化、民俗等内容；在公共关系人员的招聘考试中，可能涉及心理学知识、公关礼仪、人文知识等。

4. 心理测试

心理测试是要求应试者完成事先编好的标准化量表或问卷，根据完成的数量和质量来判断其心理水平或个性差异的方式。一些特殊的用人单位常常以此来测试求职者的态度、兴趣、动机、智力、个性等心理素质，以寻找最佳应聘者。

5. 命题写作

命题写作考试的目的是考查面试者的分析问题能力、逻辑思维能力和文字应用表达能力。比如，限时写出一份会议通知、请示报告或一份工作总结报告，也可能给出一个观点，要求应试者予以论证或批驳等。

（三）笔试的类型

1. 技术性笔试

这类笔试主要在研发型和技术类职位的应聘考试中出现。这类职位对相关专业知识的掌握程度要求比较高。笔试内容主要为关于工作需要的技术性问题，专业性比较强。这类考试的结果，和在校期间的学习成绩密不可分。所以，要成功应对技术性笔试，需要扎实的专业基础。

2. 非技术性笔试

这类笔试更为常见，对于应试者的专业背景要求也相对宽松。非技术性笔试的考察内容相当广泛，除了常见的英文阅读和写作能力、逻辑思维能力、数理分析能力外，有些时侯还会涉及时事政治、生活常识、情景演绎，甚至智商测试等。

二、笔试准备

笔试一般需要综合应用各方面的知识进行解答，如果平时学习不认真，基础不牢固，很难取得好成绩。所以，学习贵在日常积累，厚积才能薄发。

招聘笔试一般都有一个大致的考试范围，笔试前应进行有针对性的复习，围绕这个范围翻阅相关的资料，以便于查漏补缺，及时捡起过去学习过的知识。

（一）专业知识考试的准备

（1）温故知新

专业对口的应聘者首先应回顾、复习本专业的主要课程，对课程的体系、框架、内容做到心中有数。跨专业的应聘者需要花更多的时间来熟悉、掌握专业知识。这种复习不是课本知识的简单重复，而是站在全局的角度，完成知识的系统化、完整化和熟练化。具体地说，通过复习时的思考和练习，找到知识之间的内在联系，弥补知识结构中的不足，使知识运用得更熟练、更灵活。因此，不能仅仅停留在学懂、学透的水平上，还要不断深化，把所学的知识转化为实践，用以分析和解决问题。结合实际思考，使所学的知识系统化，新旧知识融会贯通，达到举一反三的效果，转化为创造性的认知。

（2）了解专业动态

应聘者在准备专业知识考试时，不仅要有扎实的理论基础，同时还必须了解该专业当前发展的一些最新动态。在校学习期间所使用的教科书和参考书只提供了关于某专业的一些基础理论，某些信息往往相对滞后。而招聘单位在招聘员工时，从实用的角度出发，比较注重应聘者的知识更新程度，希望招聘到的员工掌握较新的专业知识，能尽快地适应工作。应聘者参加专业知识考试前要注意了解、收集专业知识动态的有关信息。获取这类信息的途径很多，如参阅专业杂志、学术刊物、科普读物、学术会议资料等。

（3）了解招聘单位情况

应聘者可以通过各种途径去了解招聘单位的情况：到公共图书馆、学校图书馆或专业图书馆，查阅有关资料；上网访问该企业的主页，或关注企业微信号，了解企业最新动态。了解招聘企业的情况主要目的在于将企业的有关资料与应聘者的专业知识相结合，使准备工作更有针对性。例如，同样是会计专业，工业企业会计与商业企业会计就有所不同；同样是企业管理专业，企业的性质、投资主体、规模、所属行业不同，管理模式、企业文化显然也有所不同。只有了解了企业的基本情况，才能在考前准备中做到有的放矢；当试题中出现与企业相关的内容时，也不至于一无所知或泛泛而谈。

（二）综合考试的准备

综合知识考试涉及面广，知识来源复杂，而且不同单位、不同职业有不同的侧重点，因此准备起来比较困难。下面主要介绍一些在各种工作环境中经常会遇到并且越来越受到人们重视的一些知识。

（1）时事政治

通过对时事政治的考试，既可以了解应聘者对时事的反应能力，也可以了解应聘者对市场的敏感度和预测能力。目前，在公务员考试以及一些企事业单位的知识考试中都有此类考试。一般来说，时事政治的考试范围大致是一年时间里国内外所发生的重大事件、制定的重要政策、颁布的重要文件、召开的重要会议、举行的重要活动以及科技发展的重要成果等。

此类应试的关键在于平时的积累，应聘者可多注意关注相关信息，如观看中央电视台的《新闻联播》《新闻 1+1》等新闻类节目便是获取此类信息的很好途径。

（2）公共关系

随着改革开放和市场经济的发展，公共关系作为一种经营管理职能、市场营销策略、现代交往观念和方式，正迅速被人们认识和接受。公共关系的主要职能是建立良好的组织形象，协调组织内外关系。社会组织、公众、传播是其基本要素。一个组织只要具有良好的形象和内外环境，就能得到公众的信任和支持，增强组织的发展能力和竞争能力。因此，现代企业越来越重视公共关系。例如，名牌家电企业会通过其高质量的产品、星级服务体系等一系列公关原则，来塑造其良好的企业形象，赢得广大的市场。目前，虽然一些企业都设有专门的公关策划人员，但作为应聘者，应对公共关系的基本原理、基本运作有一定的了解，还应了解所应聘单位曾经做过何种成功的公关活动。

（3）社交礼仪

礼仪是社会文明的标志。社交礼仪是现代社会中人们交往的行为规范，也是人们道德观念的反映。它在人们日常的生活、工作中，特别是一些重大的活动、事务中发挥着重要作用。人们在工作中与各种各样的人打交道，得体、合乎规范的礼仪会给人留下良好的印象，创造和谐的人际环境。例如，在商务洽谈中，遵守商业道德，使用礼貌语言及友好的表情、动作等，能促进洽谈的成功。

（4）人际关系技巧

人际关系，是指人与人之间在传递信息、沟通思想和交流情感等过程中形成的人与人之间的好感或恶感、排斥或吸引等心理上的距离和关系。心理学中把人际关系分为三类：一是以感情为基础的人际关系，如亲情关系、友爱关系；二是以利害为基础的人际关系，它存在于政治、经济、权力等各个方面；三是缺乏任何基础的陌路关系。一般一、二类人际关系与我们最密切。美国著名成人教育专家卡耐基曾断言：“一个人事业的成功，15% 靠自身的努力，而 85% 取决于良好的人际关系。”人们生存于现实社会中，他们的成功和幸福与他人息息相关，任何人都不可能孤立地生活，即使专业技能水平再高，专业知识再丰富，也要与不同的人打交道、共事。现代社会越来越重视人际关系技巧。例如，公务员要善于处理好与上级的关系，协调好与同事之间的关系，善于化解政府部门的各种人际纠纷；部门管理者要善于调动员工的积极性，要善于与员工进行人际沟通等。

（5）法律常识

市场经济是法制经济，没有法制，市场经济也就难以规范化。目前，我们的市场经济还不完善，法制还不健全，人们的法制观念较差，法律知识贫乏。例如，在经济领域中，除了常见的利用购销合同诈骗之外，利用货物运输、仓储保管、加工承揽、资产租赁、工程建筑承包、房地产转让、国际贸易等方面的合同进行诈骗的案件也屡见不鲜。又如，在管理实践中，公司拖欠员工工资或养老保险金，商店保安对涉嫌偷窃商品的顾客进行搜身，娱乐场所的设施发生故障造成意外人身伤害等，也时有所闻。因此，应聘者对经济法、金融法、行政法、行政诉讼法、国际贸易法等应有一定的了解，对与专业有关的法律更应熟悉，并善于应用法律知识处理实际问题。

（6）文化背景知识

所谓文化，是指不同的人种、民族、区域的社会成员所特有的生活方式、思想方式、行为方式、交往方式，以及与之密切相关的一切后天习得的东西。随着世界各国之间合作和联系的加强，不同国籍、区域的人员经常需要合作，带来了不同文化之间的碰撞和冲突。如果不了解对方的文化，就会影响工作的顺利进行。

（7）其他

综合知识的考试范围广泛，其他还有天文地理、自然常识、社会常识等，难以一一尽述。

任务二　面试：一言一行树形象

学习目标

1. 了解面试前需要做哪些准备工作。
2. 学习面试技巧，以及如何从容应对不同类型的面试。

案例导入

吴晗在面试一家公司时，因为情绪紧张，且前期的准备工作并不充分，所以出现了较大的失误。

HR 询问他问题时，他结结巴巴，逻辑思路不清晰，答非所问。HR 明显感到眼前这个面试者沟通能力不强，因此将他的工作能力归为零，被认定难以胜任其谋求岗位的日常工作。

面试中，HR 需要在短暂的时间内根据面试者的简历和实际面试中的随机应变能力来决断面试者的去留，而后者往往才是面试的关键。因此，一个面试者的场上沟通能力以及展现出的逻辑思维能力，与其职业竞争力紧密关联。

面试是用人单位在规定的时间和空间内通过与求职者当面交流来考核求职者的一种招聘测试。通过面试，用人单位不仅可以直接了解求职者的面貌和言谈举止，还可以了解应试者的总体素质和各方面的才能。

对于毕业生来讲，面试是一种综合性较强、集多种知识、能力于一体的多方面考核方式，是对多年学习、实践成果的一次检验。

面试给用人单位和求职者提供了双向交流的机会，使用人单位和求职者相互了解，从而使双方更准确地做出聘用与否、受聘与否的决定。

一、面试前的准备

（一）准备面试着装

根据应聘公司、职位的不同应该有不同的着装标准：

应聘政府部门、国有企业、事业单位等，穿着应偏向传统正规；应聘广告和设计这些比较有创意性的企业，招聘者则希望求职者穿得不那么正规，最好是款式新颖并能反映求职者个性的服装；应聘公关、时尚杂志等，还可以适当地在服装上加些流行元素。

应届毕业生允许有一些学生气的装扮，可以穿休闲类套装。学生就是学生，参加面试的时候，带一点“学生腔”是很正常的。如果你花费太多的金钱，打扮得过于抢眼，反而会让人难以接受。面试最重要的是得体、整洁。在面试场合，西装革履是最常见的，但也不是绝对的。面试着装没有必要千篇一律、千人一面，要保持一定的灵活性。

（二）储备面试知识

面试之前，需要了解与职位有关的基本情况：

1. 企业方面

（1）企业所处行业的情况，包括国际和国内该行业发展趋势、现在和未来的市场竞争态势、该行业目前重大事件如并购、新技术等。这些情况可以从行业网站、行业杂志、新闻报道中搜索得到，有助于你了解你未来工作的行业大环境，以便提前应对各种变化。

（2）企业发展情况，包括企业在行业中的地位、企业发展的经济指标（营业额、利润、市场份额等）、企业战略、未来目标等。这些情况可以从企业网站、新闻报道中搜索得到，有助于你在择业过程中做出正确的判断，让自己选择一个良好发展的公司。

（3）企业价值观和企业文化，包括核心价值理念、企业文化、能力要求等。这些情况可以从企业网站、企业领导人的讲话采访中得到，从中判断与自己的价值观是否吻合，自己是否符合该企业的理想人才的招聘要求。

（4）应聘市场营销领域的职位，还要了解企业的主要产品和市场，包括产品线、核心产品、市场区域、市场细分、市场推广活动、产品广告语等。

（5）应聘人力资源领域的职位，还要了解企业所在行业的人才市场状况、关键人才的供求情况。

（6）应聘技术研发领域的职位，还要了解企业应用的主要技术、研发的主要内容等，与自己的专长是否相符。

2. 职位方面

（1）应聘职位的主要职责和工作内容、工作规范和工作标准，看自己是否有过这方面的实习经验。

（2）应聘该职位的素质能力、知识经验等各项要求，看自己是否符合要求，且思考如何证明自己符合这些要求。

（3）面试流程和方法，包括是否有笔试、笔试内容、面试大约时间、面试形式等，可以询问通知你面试的HR，以便提前做好准备。

充分了解企业和职位情况，还能让面试考官看出你对应聘公司的重视和希望加入的意愿。面试的时候，如果面试考官发现你对这家公司其实并不了解，除非你非常出色，基本上就不会决定录用了。所以面试之前做的准备越充分，面试成功的概率就越大。而且在面试之前的准备过程中，你可能会发现这家公司的这个职位并不是你期待的，这时候放弃反而是明智的选择，从而为更适合的职位留出更多的时间和精力。

二、面试时的技巧

（一）语言运用的技巧

面试过程中你的语言表达水平代表着你的成熟程度和综合素养。因此，面试中应注意掌握以下语言表达技巧：

1. 口齿清晰，语言流利，文雅大方

交谈时要注意发音准确，吐字清晰。还要注意控制说话的速度，避免磕磕绊绊，影响语言的流畅。为了增添语言的魅力，应注意修辞，忌用口头禅，更不能有不文明的语言。

2. 语气平和，语调恰当，音量适中

面试时要注意语言、语调、语气的正确运用。打招呼时宜用上语调，加重语气并带拖音，以引起对方的注意。自我介绍时，可以用平缓的陈述语气，不宜使用感叹语气或祈使句。声音过大令人厌烦，声音过小则难以听清。

音量的大小要根据面试现场的实际情况而定。两人面谈且距离较近时声音不宜过大，群体面试而且场地开阔时声音不宜过小，以面试官能听清你的讲话为原则。

3. 语言要含蓄、机智、幽默

说话时除了表达清晰外，适当的时候可以使用幽默的语言，为谈话增添轻松愉快的气氛，展示自己的优越气质和从容风度。尤其是当遇到难以回答的问题时，机智幽默的语言会展示出自己的聪明智慧，化险为夷，并给人以良好的印象。

4. 注意听者的反应

求职面试不同于演讲，更接近于一般的交谈。交谈中，应随时注意听者的反应。比如，听者心不在焉，可能表示他对自己这段话没有兴趣，你得设法转移话题；侧耳倾听，可能说明由于自己音量过小使对方难于听清；皱眉、摆头可能表示自己言语有不当之处。根据对方的反应，适时地调整自己的语言、语调、语气、音量、修辞，包括陈述内容，这样才能取得良好的面试效果。

（二）手势运用的技巧

其实，在日常生活交际中，人们都在自觉不自觉地运用手势帮助自己表达。在与他人交谈中，一定要对对方的谈话表示关注，要表示出你在聚精会神地听。对方在感到自己的言谈被人关注和理解后，才能对对方加深印象。求职者如果运用适当的手势，可以提升自己的整体形象，提高求职成功的可能性。

三、面试的种类及应对要点

下面，我们根据面试的内容、考核的重点和方式等，重点介绍几种毕业生常见的面试形式。

（一）小组面试

小组面试俗称“群面”，更科学的表述应该是“无领导小组讨论”。无领导小组讨论采用情景模拟的方式对考生进行集体面试。把一定数目（4 ~ 9 人不等）的考生组成一组，进行 30 ~ 60 分钟与工作有关问题的讨论。不给考生指定特别的角色（不定角色的无领导小组讨论），或者只给考生指定一个彼此平等的角色（定角色的无领导小组讨论），但都不指定谁是领导，也不指定哪个考生应该坐在哪个位置，而是让所有考生自行排位、自行组织，面试官在面试者们讨论的过程中来观测考生的组织协调能力、口头表达能力、辩论的说服能力等各方面的能力和素质是否能达到拟任岗位的要求，以及自信程度、进取心、情绪稳定性、反应灵活性等个性特点是否符合拟任岗位的团体气氛，由此来综合评价考生之间的差别。

无领导小组讨论由一组应试者组成一个临时工作小组，讨论给定的问题，并做出结论。由于这个小组是临时拼凑的，并不指定谁是负责人，目的就在于考察应试者的表现，尤其是看谁会从中脱颖而出，但并不是一定要成为领导者，因为那需要真正的能力与信心，还需有十足的把握。

1. 无领导小组讨论的步骤和角色选择

无领导小组讨论在事前就会分好小组，一般每个讨论组以 4 ～ 9 人为宜，考场也一般采用圆桌会议的模式，考官席设在考场四边或集中于一边，或者有的考官席不设在现场，通过查看摄像设备的方式来进行。

无领导小组讨论一般包括六个步骤。第一步，考官出题。考生落座后，考官一般都会先发几张草稿纸，然后宣布考场纪律，做出统一明确的要求，最后宣读讨论题，并给考生提供必要的资料、交代问题的背景和讨论的要求。第二步，审题思考，准备提纲。一般留出 5 ～ 10 分钟，考生了解试题，独立思考，列出发言提纲。第三步，考生个人陈述。考生轮流发言，陈述自己的观点。第四步，考生集体讨论，考生自由辩论，继续阐明自己的观点，或者对别人的观点提出不同意见，并最终得出小组的一致意见。第五步，总结陈述。小组发言代表总结陈述小组观点。第六步，主考官宣布讨论结束，考生退场。各面试考官依据评分标准给每位考生打分，统计成绩，主考官签字。

有小组，有成员，就会有分工。就像篮球队里有中锋、前锋、得分后卫、控球后卫一样，每个“位置”的球员都要承担对应的角色，完成特定的任务。无领导小组讨论也是如此。无领导小组讨论中的几种角色及其任务见表 8-1：

表 8-1　无领导小组面试的角色及其任务分工

角色	角色特点和任务描述
主持者	统筹兼顾，思路引领，调动团队气氛，能够控制讨论发展方向，能调配发言权
时间控制者	能协助主持者合理分配和科学管理各阶段时间，并根据讨论进展情况提示和调整时间
细节记录者	记录小组所有成员的观点和发言，并整理、汇总和提炼
积极建议者	熟悉某块知识领域，善于引导小组思路的优化，能主动提出自己的建议
总结陈述者	代表小组向面试官陈述，或者根据小组讨论的结果做方案展示等

当然，小组讨论中，还有这样一类角色（表 8-1 中未列出），他们或者干脆不说话，或者废话连篇，或者不能控制自己的情绪，此类角色注定会成

为被淘汰的对象。

有的同学估计会问：是不是去担任主持者的角色就一定能被选中呢？无领导小组讨论中的角色到底应该如何挑选呢？主持者的角色很风光，也很重要（当然，其他角色也都很重要），但并非人人都适合。所以，最适合自己的角色才是最好的。在小组面试中，只有选对适合自己的角色方向，才能为整个小组贡献最大值，面试通过的概率才会最大。

2. 无领导小组讨论的应对要点

（1）提升活跃度，实现有效表达。在给定的讨论时间内，要勇于表达自己，亮出自己的观点。在倾听小组成员的观点时，可以进行一定的补充或者深化，不要做只关注自己观点的“低头族”。表达观点时，要吐字清晰、抑扬顿挫，具有一定的感染力；通过断句、停顿、强调等方式，有侧重地表达自己的观点。避免音量过小、声调过平。

（2）具备一定的协调性和较强的掌控力。讨论过程中，要关注队友，关注整个讨论的进程，对队友的观点要理性、辩证地看待，避免极端否定、人身攻击等。当讨论陷入混乱、僵局时，要注意适时掌控和引导，促使团队讨论朝预定方向发展。

（3）有独立观点，有逻辑思维与层次。一定要有自己的观点，避免在讨论过程中进行“碎片化”的表达。要有自己的逻辑假设和推理过程，有创新性，包括切入点、论据等的创新。学会用逻辑层次来规范自己的语言，例如使用“首先、其次、最后”及“第一、第二、第三”等表达。

（4）注重展示思辨能力，多角度发散思维。分析面试题时，要尝试找出面试题本身所包含的若干假设，根据这些假设作出你的逻辑假设和推理（建立你的逻辑推演模型）。避免就事论事，眼光局限于题干本身。在分析问题时，要注重发散思维，多联想、类比。

3. 无领导小组讨论的技巧

无论你是“主持者”还是“记录者”，无论你碰到的是开放式问题还是实际操作问题，都要注意无领导小组讨论中的基本技巧。

（1）言简意赅，有理有据。要抓住问题的实质，切中问题的要害；每次发言都要基于材料本身，不可自己作假设；要有条理，不能滔滔不绝地垄断发言。

（2）体态端庄，动作适当。谈话时，双眼要保持平视，轻柔地注视对方，但不要眼睛瞪得老大，或者愣愣地盯住对方不放。揉眼睛、打呵欠、伸懒腰、挖耳朵、挖鼻孔、摆弄手指、活动手腕、看手表、玩手机、玩纽扣、双手插在口袋里、用手指指向他人鼻尖等动作，都是不尊重别人的举动，不应出现。

（3）语气诚恳，态度友善。谈话时要温文尔雅，不要恶语伤人、讥讽谩骂、纠缠不休。尤其是当有人出来反驳你时，不要恼羞成怒，要心平气和地与之讨论。听别人谈话要全神贯注，不可东张西望，更不可中途打断。参加他人谈话应征得他人同意。在小组讨论发言时，要面向小组成员，而不要看着面试官说话。

（二）结构化面试

无论是参加企事业单位应聘，公务员考试抑或考研，面试都是必须要经的一道门槛，而结构化面试是面试形式中较为常见的一种。结构化面试的“结构化”主要表现在三个方面：

首先是面试程序的结构化。在面试的起始阶段、核心阶段、收尾阶段，面试官要注意什么，做些什么，要达到什么目的，事先都会有相应的策划。其次是面试试题的结构化。在面试的过程中，面试官要考察应聘者的哪些素质，围绕这些考察角度注意提哪些问题，在什么时间提出，怎么提出，在面试前都有哪些准备，这些都是已经准备好的，面试官自由发挥的余地较小。最后是面试结果评判结构化。在 5 ~ 9 个测试要素中，面试官会对应每个要素准备 1 ~ 3 个问题，针对测试要素给出参考答案和评分标准，有统一的评分量表。从哪些角度来评判面试者的表现，等级如何区分，甚至如何打分等，在面试前会有相应的规定，并在众考官中有统一的尺度。

1. 定义

结构化面试也称标准化面试，是相对于传统的经验型面试而言的，是指面试前就面试所涉及的内容、试题评价标准、评分方法、分数使用等一系列问题进行系统的结构化设计的面试方式。结构化面试的测评要素一般包括以下三大类：第一类是一般能力，包括语言表达能力、逻辑思维能力等；第二类是工作能力，包括计划能力、决策能力、沟通能力、协调能力、创新能力、应变能力等；第三类是个性特征，指的是在面试中表现出来的气质风度、情绪稳定性、自我认知等。

2. 特点

（1）面试问题多样化

在结构化面试中，面试考官会提出各种问题，问题可能千变万化，但考察的核心内容主要集中在面试者的硬性条件（教育、语言、经验、技术等）、软性条件（团队精神、解决问题能力、抗压能力、创新能力等）、主观意愿（平台、职级、薪酬、上升空间、其他问题）等三个方面。

（2）面试要素结构化

根据面试要求确定面试要素，并对各要素分配相应的权重。在每一面试题目后给出该题测评要素，并给出答题要点，供考官评分时参考。

（三）情景模拟测试

1. 含义

情景模拟测评是设定一定的模拟场景，要求应试者扮演某一角色并进入角色情境处理各种事务及各种问题和矛盾。考官通过对应试者在情境中表现出来的行为进行观察和记录，以测评其素质潜能，或看其是否能适应或胜任工作。

2. 情景模拟测试的方式

（1）工作活动的模拟

这个测试项目可以采用以下两种形式进行。

① 上下级对话形式。模拟接待基层工作人员的情境，由应试者饰演上级，测评人员饰演下级，或向上级领导汇报或请求工作。这种模拟测试可采

用主考人员与其对话，其余测评人员观察打分的方式进行。

② 布置工作的测试。要求应试者在阅读一份上级文件或会议纪要后，以特定的身份结合部门实际，对工作进行分工布置和安排，这一项目可以按个别测试的方式进行，测评人员一般为招考部门领导。在一定条件下，测评人员可向应试者进行发问，以对其进行较深入的整体测评。最后，依据评分标准分别进行评分。

（2）角色扮演法

角色扮演法是指事先向应试者提供一定的背景情况和角色说明，模拟时要求应试者以角色身份完成一定的活动或任务，例如接待来访、主持会议、汇报工作等。

（3）现场作业法

现场作业法是指提供给应试者一定的数据和资料，在规定的时间内，要求应试者编制计划、设计图表、起草公文和计算结果等。

（4）模拟会议法

将若干应试者（10 人左右）分为一组，就某一需要研讨的问题、需要布置的活动或需要决策的议题，由应试者自由发表议论，相互切磋探讨。具体形式有会议的模拟组织、主持、记录及无领导小组讨论等。

3. 情景模拟测试的作用

（1）为考查应试者的业务能力提供依据

情景模拟测试较笔试和面试答辩更接近拟招岗位的工作实际。这一点使模拟测试在考核应试者业务能力方面发挥着笔试和面试答辩难以替代的作用。

（2）有利于避免高分低能现象

模拟测试注重业务能力的考核，考核的标准是依据实际工作的要求拟定的，考评人员一般由用人单位的业务骨干担任。这些因素决定了模拟测试不仅能够为实践经验丰富、具有实际工作能力、胜任拟招岗位工作的应试者提供“用武之地”，而且可以避免笔试成绩较高、实际业务能力差的应试者进入录用行列。

（3）为用人单位安排录用人员的具体工作岗位提供依据

应试者在模拟测试中表现出的个体能力，往往与他们的实际工作能力十分相似。因此，模拟测试的成绩一般都被用人单位作为安排录用人员具体工作岗位的依据。

四、远程面试

受新型冠状病毒疫情影响，多数企业都将原本的线下招聘计划挪到了线上，通过微信、钉钉、QQ、ZOOM 或 SKPYE 等一切可用的技术手段实现对候选人的面试。线上笔试、远程面试已成为当前不少企业在特殊时期的招聘新选择。

与传统的线下面试不同，远程面试还要求求职者注意以下这些问题。

1. 调试设备

与线下面试最明显的不同在于，线上远程面试需要借助终端设备来实现双方的交流。所以我们需要事先和用人单位确认线上沟通的方式，微信、QQ 还是其他，并及时下载与安装对应的软件。面试如果是通过手机上的软件进行，面试前要将手机用支架安置好合适的位置并调试好角度。除非你能确保你的手臂能支持你将手机屏幕保持距离至你的脸合适的位置到面试结束。如果你看到过自己在自己手机镜头里的样子，相信你会采纳这条建议。

更重要的是，最好提前至少半小时进入面试页面，进行网络测试，确保通话效果，避免因无法连线而错失面试机会的低级失误。同时准备好备用 5G 或 4G 网络热点，并事先操练下切换是否顺畅。

2. 寻找适于面试的安静空间

要确保在面试期间不会有其他干扰音乱入。选择一个自己可控的空间作为面试场地，避免有杂音突然乱入而影响面试效果的情况。

3. 着装莫随意

即便是远程面试也不要放低对着装的要求。不要有懒惰心理，只将暴露在镜头前的上半身收拾整洁，而不管镜头外的部分。因为你无法预估在面试中你会起身展示什么。所以，不要因为是远程面试，而放松对自己个人形象的管理。

4. 确认延时的间隙

因为网络的关系，远程面试时常常会有延时的现象。此时要耐心等到对方结束讲话后，再进行作答，同时告知对方你这边接受有些延时。切莫急切地进行作答或者提问，在回答完毕后也和对方确认下是否已收到你的回答或问题。

通常来说，远程面试的提问方式、面试官以及面试的内容、流程与面对面的面试基本一致，远程面试并不会因为距离的关系对面试的本质有什么改变。求职者们切勿因为远程的关系，太过放松或紧张，认真准备，严肃对待每一场线上面试即可。

最后，我们来说说远程群面。虽说各企业内的群面不见得都是无领导小组的形式，但无领导小组的形式便于用人单位快速选出自己想要的人选，这是不争的事实。即时沟通软件支持多人在线同时语音 / 视频沟通，参加此种面试的候选人们要注意的是：在线毕竟是隔着屏幕的，你除了需要事先准备好以上已经提到的注意事项外，要特别留意不要因为远程的关系而让自己失去现场感，也不要因为隔着屏幕而多出一些不应有的举措。

无领导小组面试进行中的激烈争执会因为远程隔着屏幕而有所降低，但这不意味着竞争会降低，屏幕那方分散在不同地方的几个伙伴是和你竞争同一岗位的候选人。所以你必须全神贯注，所有准备工作也要在面试开始前全部完成。镜头会放大你的一言一行，面试官会在镜头那端关注你在面试过程中的所有反应，因此远程群面仍不可有所懈怠。

五、面试的十大禁忌

1. 恶意缺席

接到面试通知，如果不能或不想出席，都应该提前通知对方。许多求职者可能会认为，反正我已决定不去这家公司上班，何必和对方再有所接触?

这绝对是错误的观念，恶意缺席的后果往往不可得知，对你日后要在这个行业中发展，一定有所影响。

2. 不守时

面试时的守时十分重要，迟到是绝对不可原谅的行为，代表你对这家公司根本不重视。

3. 穿着邋遢

不管你应聘何种类型的工作，穿着是你给别人留下的第一印象。即便是所谓创意型的工作人员，邋遢、不修边幅的着装也会让对方觉得没有受到该有的尊重。是不是西装革履其实并不重要，把握干净、整洁的原则，才能留下好印象。

4. 没有准备

就算你是一个毫无经验的职场新人，对于应征职务的工作性质、内容，也应该有一些基本的认识与了解。企业当然可以容忍新人缺乏经验，但是没有准备、一问三不知的人，似乎也意味着将来在工作上缺乏责任感。

5. 欺骗

没有一家企业会录用不诚实的新人，在面试的过程中，诚实是最好的应对之策。尤其是履历表中所写的个人背景资料，不要夸大自己的能力，或是谈话内容和履历表所写不符。诚实是底线，不要因求职欲望过盛而丢了底线。

6. 没有自信，或流露骄傲

自信和骄傲有时就在一线之间，尺寸的拿捏要小心。没有自信的人会给人学习能力差的联想，肯定不受企业欢迎；骄傲的人则令人生厌，也会给人团队协作意识弱、不合群的联想。

7. 喜好批评却无创见

没有一个主管喜欢爱批评却无创见的员工，面试官也一样。即使批评的是和工作无关的事，像是政治、经济、社会的现况，对于求职者来说，并没有任何加分的效果，可能还会因为你的言语不当，引起面试官的不快。

8. 不知行情乱开价

谈到薪水多半代表你有很大的机会被录取，可是你却来个狮子大开口，企业怎么敢用一个漫天要价的人？如果你不想吃亏，面试前应多打听相关行情，否则就采取“依公司规定”的保守策略。

延伸阅读

六招化解面试官的“打压”

在求职者面对招聘单位的面试时，可能经常感受到来自招聘单位以及面试官的压力，这些压力源于招聘单位对应聘者的怀疑、否定、呵斥、刁难、戏弄等，笔者把此类行为统称为招聘单位对应聘者的“打压”。应聘者如果能正确认识这种打压现象，并系统地掌握化解来自招聘单位打压的技巧，则会大大增加面试的胜算概率。

招聘单位对应聘者实施“打压”，可能是出于以下四种原因：

原因一，招聘单位有意考验、考察应聘者；

原因二，招聘单位代表往往自然地带有心理优越感，对应聘者打压也就在所难免；

原因三，应聘者在应聘过程中往往会出现紧张、焦虑的情况，从而加重了对打压的心理体验；

原因四，如果招聘单位对应聘者感兴趣，也就想进一步了解应聘者的相关情况，这种情况下很自然会出现正常的、无恶意的打压。

必须了解的是，面试时如果招聘单位对应聘者毫无兴趣，也就懒得对应聘者进行打压；相反，如果应聘者感觉不到丝毫的打压，反而频繁受到招聘单位莫名其妙的鼓励、夸奖、赞美，此时应聘者反而要保持高度警惕了，因为这往往不是什么好事——招聘单位很可能是在掩饰、隐瞒对应聘者而言很重要的情况。

因此，应聘者应该持有这样一种观念：在面试过程中，应聘者第一次遇到来自招聘单位的打压——这才是应聘的真正开始。

针对不同的打压情况，在此笔者对应聘者给出六种处理的方法：

打压处理方法之一：忽视法

使用条件：主考官的打压有强词夺理、信口乱说的成分，且与眼前的面试关系不大。

应对方式：微笑点头，表面上认可对方的说法，也可附带一些简短的口头表示。

关键点：不要在这类问题上消耗时间，尽快切入对应聘者有利的谈话主题。

例如：

招聘单位："你的这张文凭是假的吧？！"（该问题的另一种回答见方法之六：直接否定法）

应聘者："您真幽默！"

打压处理方法之二：补偿法

使用条件：主考官的打压确有事实依据。

应对方式：承认并欣然接受，同时给出一些补偿式的说法以削弱主考官的疑虑。

关键点：应聘者不可强力否认，否则会令招聘单位反感；找准补偿的理由；实在找不到补偿的理由，就把诚实、勤奋、有责任感等"大众化"的优点作为补偿的理由。

例如：

招聘单位："你是应届毕业生，缺乏工作经验，如何能胜任这份工作？"

应聘者："我作为应届毕业生，在工作经验方面或许有所欠缺，但是读书这几年我一直利用各种机会在这个行业里兼职。我深刻地感受到，实际工作所呈现的远比书本知识要丰富许多。兼职过程中，我凭借强烈的责任感和不怕吃苦的精神，均能按时出色地完成任务。几年学校所学及兼职所累积的经验使我有充分的信心能胜任这份工作。"

打压处理方法之三：太极法

使用条件：主考官的打压意见并不十分坚持或十分具体；或主考官的打压涉及应聘者的个人隐私；或应聘者一时找不到问题的答案；或为了保留应

聘者自己的颜面，不能明确肯定和否定的问题。

应对方式：将打压意见直接转化成有利于自己的说法；或有意错误理解打压的重点方向并加以应对；或以退为进，承认自己不知道答案，直接向对方请教答案；或反问对方对这个问题的看法。

关键点：利用问题本身所隐含的条件进行“反攻”。

例如：

招聘单位：“我们这家小公司目前都是女职员，可惜你是个男生！”

应聘者：“那太好了，正因为我是男生，恰好可以在贵公司发挥男生的作用，男女搭配，干活不累嘛！”

例如：

招聘单位：“月薪人民币 1300 元，能接受吗？”

应聘者：“您觉得我能接受吗？”

打压处理方法之四：询问法

使用条件：主考官的打压重点不明确。

应对方式：通过询问把握主考官的打压重点。

关键点：不能直接急于处理此类打压。

例如：

招聘单位：“我们觉得你的经验不够！”

应聘者：“请问您觉得我哪方面的经验不够呢？”（询问法的关键）

招聘单位：“我们是搞房地产的，而你以前都没有在这个行业里做过！”（达到询问法的目的）

应聘者：“虽然我没有在房地产这个行业里做过，但是人力资源管理在不同的行业是相通的。而且，以前我也参加过无数次关于企业人力资源管理的研讨会，其间与来自房地产公司的人力资源经理们进行过很多交流，对房地产企业的人力资源管理工作已有了比较全面的认识，加之我本人过往的经验，相信自己一定能胜任这个职位。”（这段回答采用了补偿法）

打压处理方法之五：间接否定法

使用条件：应该给予否定但不必直接否定的打压意见。

应对方式：以退为进，再有理有据地否定对方片面的看法。

关键点：先抽象地肯定对方，然后把话锋一转，再具体地否定对方。不要用“你错了”“你不对”等此类直接否定对方的说法。

例如：

招聘单位：“你们学理科的怎么能搞好管理呢？”

应聘者：“当初我的想法跟您一样，可现在我认为提高管理技能主要还在于实践中通过努力实现自我完善，凭我过去的积累，我自信完全能胜任这个职位。”

打压处理方法之六：直接否定法

使用条件：主考官的打压意见涉及应聘者的诚信或严重阻碍应聘者入职。

应对方式：直接告知对方的理解出现了偏差，态度明确地解释。

关键点：直接否定对方，但也要注意给对方留足面子，避免采用谩骂、争吵的言辞，也不要用“你错了”“你不对”等此类令对方不愉快的说法。

例如：

招聘单位：“看来你很计较个人的利益？”

应聘者：“也许是我刚才没有解释清楚您才那么说。前一家公司拖欠了我四个月的工资我才决定另谋出路，况且那些被拖欠的工资我也不指望要回了，也许那家公司有不得已的苦衷吧！希望能为贵公司效力，我自信完全能胜任这个职位。”

例如：

招聘单位：“你的这张文凭是假的吧？！”

应聘者：“您大概有所误解，我这张文凭绝对是真实的，我也愿意配合贵公司就此开展调查，如果贵公司录用我，我一定会有出色表现。”

项目九 维护就业权益

任务一 应聘择业中的权益保障

学习目标

1. 了解毕业生的就业权益。
2. 学习在求职应聘中如何保护自己的权益。

一、毕业生就业权益概述

毕业生作为就业群体的主体，享有多方面的权益，根据《中华人民共和国宪法》《中华人民共和国就业促进法》《中华人民共和国劳动法》《中华人民共和国劳动合同法》的有关规定，毕业生主要享有以下几方面的权益。

（一）毕业生享有平等就业权

《中华人民共和国宪法》规定，中华人民共和国公民有劳动的权利和义务。《中华人民共和国劳动法》进一步明确规定："劳动者享有平等就业和选择职业的权利。"平等就业权是公民最重要的劳动权，是其他劳动权利存在的前提。没有就业权，公民不可能进入劳动力市场与用人单位形成劳动关系，继而享有其他一系列的劳动权。

除了一些特殊行业必须对性别、身高等条件有硬性要求外，如果用人单位把一些与工作内容无关的要素如相貌、性别、年龄、户口甚至民族作为必要条件，从而使求职者不能平等就业，就是就业歧视。毕业生遇到的就业歧视主要有以下三种。

1. 学历歧视

一些公司招聘员工动辄要求研究生学历、本科学历，根本不考虑招聘岗位对学历的实际需求。许多求职者在诸如“研究生学历”“大学本科以上”的招聘条件前黯然止步。事实上，一些公司的领导者也承认，有些岗位根本不需要本科学历，本科生在这些岗位上也不安心，辞职频繁，给用人单位带来不稳定因素。而选拔人才设置过多的限制条件，是一种自我封闭，使得用人单位与真正需要的人才失之交臂。

2. 性别歧视

招聘活动中，性别歧视的现象屡见不鲜。所谓性别歧视，说白了就是用人单位在招聘时对女性就业人员的排斥，甚至有些企业明确声明“不招女生”。

3. 相貌歧视

以貌取人，古已有之。一些公司招聘员工好似选美，完全不看是否有真才实学。

几乎所有加在人身上的标签都必须谨慎使用，一不小心就会有歧视的嫌疑，比如学历、出身、星座等，这些概念单纯用来做形容词也许没问题，但绝不能以此为标准把人分为三六九等。所谓歧视，指的就是用群体的特征来衡量其中的每一个个体，这不是科学，而是一种不负责任的表现。

任何单位或个人对毕业生有歧视行为或是有严重的不平等对待，我们都有权利提出异议。

（二）毕业生享有知情权

知情权是毕业生择业成功的前提和关键，只有在充分了解就业政策、就业信息的基础上，毕业生才能结合自身情况选择适合自身发展的用人单位。毕业生的知情权表现在有权了解与就业有关的政策和信息，包括就业工作的程序、时间安排，政府、学校的政策，用人单位的各种人才需求信息，还有学生自己的各种资料、档案等。

各高校就业部门必须及时、全面地公开各类信息，各用人单位必须保证招聘信息的真实性，以保障毕业生的知情权。

1. 高校应及时公开就业信息

目前，各省市已建立高校毕业生需求信息登记制度，凡需录用高校毕业生的用人单位，须到有关高校毕业生就业指导中心办理信息登记，由高校毕业生就业指导中心通过各种渠道向全校毕业生发布用人需求信息。各高校职能部门应当全面、及时、有效地将信息传递给全体毕业生，任何人不得隐瞒、截留用人需求信息。

2. 用人单位应如实提供招聘信息

毕业生有全面了解用人单位真实情况的权利，有权向用人单位详细了解用工意图、工作环境、劳动报酬和发展前景等各方面的情况。用人单位应本着对学生负责、对学校负责的态度向毕业生提供真实的招聘信息。

专场招聘会是许多大公司常用的招聘手段，深受毕业生的欢迎。但是有不少企业利用到高校举行招聘专场会，进行产品推介或企业宣传，毕业生浪费了时间、精力，一无所获。有些用人单位自我介绍言过其实，夸大薪金待遇，误导毕业生，这些行为都侵害了毕业生的知情权。

（三）毕业生享有接受就业指导权

毕业生有权从学校接受就业指导。学校应成立专门机构，安排专门人员对毕业生进行就业指导，包括向毕业生宣传国家关于毕业生就业的有关方针、政策，对毕业生进行择业技巧的指导，引导毕业生结合国家和社会的需要以及个人实际情况进行择业。

就业指导包括集体辅导和个别咨询，现在大部分高校的就业指导属于集体指导，主要通过就业指导课程、就业动员会、就业讲座等方式进行。毕业生通过接受就业指导，能够对自己准确定位，进行合理择业。

（四）毕业生享有被推荐权

学校在就业工作中的一个重要职责就是向用人单位推荐毕业生，学校的推荐会在很大程度上会影响用人单位对毕业生的取舍。学校应在公正、公开的基础上，根据毕业生本人的实际情况向用人单位实事求是地介绍和推荐，保证毕业生的被推荐权。

（五）毕业生享有自主选择职业权

自主选择职业权是指毕业生在遵守国家就业方针、政策的前提下，根据自身素质、所学专长、个人意愿和就业市场各种信息，自由选择职业和用人单位的权利。自主选择职业权有利于毕业生在正确认识自我的基础上，充分发挥个人的特长，促进社会生产力的发展，是社会进步的体现。

毕业生自主选择职业权表现为有选择就业或是升学的权利；有选择及时就业或是延迟就业的权利；有选择固定职业或是自由职业的权利；有选择进国家机关的权利，也有选择自主创业的权利。对于毕业生的这种权利，任何单位或是个人不得干涉。任何将个人意志强加给毕业生，强令毕业生去或不去某用人单位都是侵犯毕业生自主选择职业权的行为。

（六）毕业生享有公平待遇权

用人单位在录用毕业生的过程中，应该做到公正、公平，一视同仁。当前，毕业生的公平待遇权受到很大冲击，也最为毕业生所担忧。

由于各项配套措施滞后，完全开放公平的就业市场尚未真正形成，用人单位录用毕业生还存在不同程度的不公平、不公正的现象。享受公平的录用权是毕业生最为迫切需要维护的权益。

（七）毕业生享有违约求偿权

毕业生、用人单位签订就业协议后，任何一方不得擅自毁约。如果用人单位无故要求解约，毕业生有权要求对方严格履行就业协议，否则用人单位应对毕业生承担违约责任，支付违约金，毕业生有权利要求用人单位进行经济补偿。

二、毕业生如何正确行使就业权利

法律、法规和有关政策规定了毕业生享有多项就业权利，但是毕业生不能滥用权利，必须正确行使这些权利。

（一）毕业生要有履行义务的意识

毕业生应当树立责、权、利统一的思想，形成权利和义务一致的观念，在就业阶段应该履行以下义务。

1. 回报国家、服务社会的义务

对于毕业生而言，国家和社会乃至家庭为其成才和发展提供了相当优厚的条件，这是其他青年群体无法比拟的。按照“得之于社会，还之于社会”的原则，毕业生理应积极负责地以自己的职业行为，回报国家、社会和家庭，承担起自己应尽的义务。此外，许多高职毕业生一出校门就希望得到高薪工作，不愿去小企业、小单位，这与回报祖国、服务社会的义务相差甚远。目前，广大基层特别是西部地区、边远地区和艰苦行业还存在人才匮乏的状况，需要大批人才特别是高校毕业生到这些地方建功立业。21 世纪的大学生肩负着民族的希望、历史的重任，应当志存高远、不畏艰辛，到边远地区去，到艰苦行业去，到基层去，到生产、服务第一线去。

2. 如实介绍自己情况的义务

毕业生在求职择业过程中如实向用人单位介绍自己的情况，是诚信做人的基本要求，也是自己应尽的义务。毕业生在填写推荐表，撰写自荐信，向用人单位介绍自己时，必须实事求是，不得弄虚作假，讲优点不要夸张，谈缺点不能回避，有过失不可隐瞒，说成绩不能虚假，以诚相见，只有如实介绍自己的情况，才能获得用人单位的信任。

3. 遵守就业协议的义务

就业协议是明确毕业生、用人单位和学校在毕业生就业工作中权利和义务的书面材料，属意向性协议。就业协议一经毕业生签字、用人单位签字盖章后即具有法律效力，任何一方都不得擅自解除；否则，违约方应向另一方支付协议条款所约定的违约金。

但是从实际情况来看，违约多见于毕业生。毕业生违约，往往会产生诸多不良的后果，主要表现在以下三个方面。

（1）损害用人单位利益。用人单位为录用一名毕业生需做大量工作，有的单位甚至对录用毕业生的工作岗位都做了具体安排，一旦毕业生违约，不仅使用人单位为录用该毕业生所做的一切工作付诸东流，而且会因延误时机，增加用人单位继续选择其他毕业生的难度，这样势必影响用人单位的招聘计划。

（2）影响学校信誉。毕业生的违约往往会被用人单位归咎于学校管理不严、教育无方，从而影响学校与用人单位的长期合作关系。

（3）影响其他毕业生顺利就业。用人单位到学校挑选毕业生，往往有许多毕业生竞相应聘。用人单位一旦与毕业生 A 签约，其他同学便没有与该单位签约的机会了。如果 A 违约，用人单位因时间关系无法补缺，就会造成就业资源的浪费，也使其他毕业生失去一次可能的就业机会。

4. 按时到工作单位报到的义务

《普通高等学校毕业生就业工作暂行规定》要求，毕业生办理完离校手续后，应持报到证按时到用人单位报到。

（二）要有正确行使权利的方法

1. 不要滥用权利

毕业生在行使与就业有关的权利时，不得滥用权利，不得有损他人利益。所谓权利的滥用，是指权利享有者在行使权利的过程中，故意超越权利的界线，造成他人权利的损害，造成国家、社会、集体的利益损害，以满足自身超越权利范围的行为。

2. 不要盲目行使权利

毕业生在行使自己的权利之前，必须对自己所享有的权利有一个全面而清醒的认识，以客观理智的心态来看待就业权利，而不能主观盲目地行使权利。

三、毕业生如何进行权益保障

（一）求职过程中的权益保障

严峻的就业形势刺激了人才市场的火爆，在供需严重不平衡的现实面前，各种骗子乘虚而入，盯上了涉世未深的高校毕业生。

1. 早做心理防范

招聘中的各种骗术，究其根源，无非就是利用毕业生的“三种心态”。

第一是自负心态。觉得自己能力强、身价高，高薪聘任才能体现自己的价值，结果往往落入“高薪”的陷阱。

第二是着急心态。毕业生急于找工作的心理让一些不法之徒找到了借机骗财的机会，这些人以报名费、服装费、培训费、证件费等名义收取应聘者的费用后便消失得无影无踪。

第三是糊涂心态。高职生心地单纯，涉世不深，警惕性不强，极有可能在不法之徒的迷惑言行下，稀里糊涂地签订一堆不合理，甚至违法的协议。

所以，毕业生一定要在求职应聘时做好足够的心理防范准备。注意做到三点：一要戒心贪，不要让“高薪”蒙蔽了自己的双眼；二要戒心急，要仔细考虑各种收费是否合理；三要戒粗心，通过多种途径了解就业市场中的种种不规范行为，提高警惕，遇事要理智分析，做出正确判断。

2. 要对用人单位做全面考察

一些不法分子为蒙蔽毕业生，使毕业生放松警惕，往往会将自己或公司包装得非常气派，他们会在大厦、宾馆临时租赁办公室，进行虚假招聘，并把招聘的程序伪装得很正规，然后行使各种诈骗手段。因此，在签订就业协议之前一定要对用人单位做全面考察。

第一，要注意观察用人单位所在地的环境和单位人员的基本素质，查看有无营业执照等。例如，进入某公司后，要在其办公室观察有无营业执照、营业执照上所列的主要经营业务是哪些、营业执照办理的时间，如果没有看到，则要留心，可以从侧面打听或直接索要复印件。第二，要通过各种途径了解该单位经营发展概况及运营状况。第三，要通过自己的亲友、同学、师长等核实招聘单位所言是否真实。第四，要应聘中直接向主考官了解公司的各种情况，看看与自己了解的是否一致。

3. 不要轻易缴纳各类费用

国家法律明文规定，用人单位在招工中不得收取保证金、抵押金，所以当听到用人单位要收取这些费用时，你可以转身离开，因为从这一点便能看出该单位市场运作不规范。况且，像招聘费、管理费、报名费等都是企业为引进人才、增强企业竞争力必须花费的成本，怎能让应聘者承担？针对“招聘陷阱”中的押金骗术，毕业生在应聘时一定要牢记，招聘单位要招人，而不是招钱。所以，要保持头脑清醒，捂紧自己的钱袋子，不要被人牵着鼻子走。

4. 从正规渠道获取招聘信息

搜集招聘信息时要看是不是在正规的媒体或是网站发布的，不要依靠短信、QQ、E-mail 等来历不明的信息，对网上的信息要有理性的认识和分析。

（二）就业协议签署时的权益保障

1. 了解就业政策和规定

毕业生在签约前要认真、全面地掌握国家关于高等学校毕业生就业政策和规定。这是指导和规范毕业生求职活动的行为准则，是保障毕业生顺利就业的政策依据。

2. 研究协议条款内容

毕业生在与用人单位签约前，要认真仔细地阅读就业协议书中的全部条款，力求了解条款的内容和含义，如有不清楚的，应向用人单位询问，切忌草率签约。

3. 注意违约条款的合理性及本人的承受能力

毕业生在与用人单位签订就业协议书时，许多内容要在毕业生与用人单位协商后以另附约定条款的方式加以补充。所以，毕业生在与用人单位进行约定时还要注意以下问题。

（1）条款是否合理。例如，有的单位在协议中写道，毕业生要为本单位服务多少年，如果毕业生违反约定将赔偿多少钱。但却没有写明如果单位违反约定，将如何赔偿，这是明显的霸王条款。

（2）违约金能否承受。对于违约问题，有的用人单位约定的违约金少则几千，多则上万。毕业生应当在慎重考虑后再决定是否签约。

（3）是否有签字盖章。就业协议必须有双方的签字盖章，才具有法律效力。

（三）权益保障的途径

1. 行政部门的保护

当毕业生的合法权益受到侵害时，应及时向当地行政部门（如劳动监察部门）投诉，以维护自己的合法权利，或者直接向有权主管用人单位的行政机关，如工商管理局投诉或举报。此外，还可以向新闻机构反映情况。

2. 学校的保护

学校对毕业生权益的保护最为直接。学校可通过制订各项措施来规范毕业生就业指导和就业推荐，对于用人单位在录用毕业生过程中的不公平、不公正行为，学校有权予以抵制，以维护毕业生的就业权益。

高等学校在毕业生签订就业协议过程中应进行监督和指导，对于用人单位与毕业生签订不符合国家有关政策规定的就业协议，学校有权拒绝，未经学校审核同意的就业协议不能作为编制就业方案的依据。

3. 自我保护

（1）毕业生要有法律常识。毕业生应了解目前国家关于毕业生就业的有关方针、政策和法规，熟悉毕业生在就业过程中的权利和义务，这是毕业生权益自我保护的前提。

（2）毕业生应有自律意识。毕业生要自觉遵循有关就业规则，接受其制约，保证自己的就业行为不违反就业规则，不侵犯其他毕业生和用人单位的合法权益。

（3）毕业生要有维权意识。毕业生应学会运用法律手段维护自身的合法权益。为使自己的权利不受侵害，且让不法分子不再加害其他求职者，毕业生要勇敢拿起法律武器，维护自己的权利。

（4）自我保护的途径。针对侵犯自身就业权益的行为，毕业生应该首先与有关用人单位协商解决。若协商不成，可向签订协议所在地的毕业生就业工作主管部门申请调解；也可依法向有关部门申请仲裁或直接向人民法院提起诉讼。

依照我国法律、法规的规定，被害人对侵犯其人身、财产权利的事实，根据情况不同，可以向公安机关、人民检察院报案或者向人民法院起诉。

探索与思考

考研名师张雪峰曾在一档综艺节目中谈及求职面试中的“潜规则”，他在节目中强调求职时千万别问“五险一金”和有没有加班费。此言论引发了大家的讨论和思考。

请问，你是否认同他的观点？以及试着阐述下自己同意或不同意的理由。

延伸阅读

三方就业协议中可否约定违约金

小薛是某高校应届毕业生，2017 年 3 月与某电器公司签订了《普通高等学校毕业生就业协议书》。协议约定，小薛违反协议约定或毕业后未到单位报到的，应当向单位支付违约金 5 万元。

2017 年 5 月，小薛因被一家网络公司录用，于是向电器公司提出解除三方就业协议。于是，电器公司根据协议约定要求小薛支付违约金 5 万元。但小薛认为，单位在三方就业协议中约定违约金是违法的，因此拒绝支付。

那么，三方就业协议可否约定违约金?

三方就业协议是“普通高等学校毕业生、毕业研究生就业协议书”的简称，它是明确毕业生、用人单位、学校三方在毕业生就业工作中的权利和义务的协议。

三方就业协议与劳动合同虽然都是用人单位与劳动者建立劳动关系的意思表示，但这两者在适用法律依据上显然是不同的。劳动合同适用《劳动法》以及《劳动合同法》，而三方就业协议则适用《民法通则》或《合同法》。

《劳动合同法》第二十五条规定：“除本法第二十二条和第二十三条规定的情形外，用人单位不得与劳动者约定由劳动者承担违约金。”这里的第二十二条是指“用人单位为劳动者提供专项培训费用，对其进行专业技术培训的，可以与该劳动者订立协议，约定服务期。劳动者违反服务期约定的，应当按照约定向用人单位支付违约金”。这里的第二十三条是指“对负有保密义务的劳动者，用人单位可以在劳动合同或者保密协议中与劳动者约定竞业限制条款，并约定在解除或者终止劳动合同后，在竞业限制期限内按月给予劳动者经济补偿。劳动者违反竞业限制约定的，应当按照约定向用人单位支付违约金。”根据上述规定，用人单位与劳动者订立劳动合同时，只有两种情况可以约定违约金：一是在专项培训协议中约定服务期的，二是签订竞业限制约定的。

《民法通则》第一百一十二条规定：“当事人一方违反合同的赔偿责任，应当相当于另一方因此所受到的损失。当事人可以在合同中约定，一方违反合同时，向另一方支付一定数额的违约金；也可以在合同中约定对于违反合同而产生的损失赔偿额的计算方法。”《合同法》第一百一十四条也规定：“当事人可以约定一方违约时应当根据违约情况向对方支付一定数额的违约金，也可以约定因违约产生的损失赔偿额的计算方法。”根据上述规定，三方就业协议作为一般性的民事合同，在协议当中约定违约金是不违反法律强制规定的。

三方就业协议之所以可以约定违约金，原因在于，无论是用人单位，还是毕业生，在招聘或求职当中都花费了大量的成本。如果一方肆意违约而不带惩罚，这会降低三方就业协议的效用。

在三方就业协议中约定违约金要遵循以下原则：一是公平原则。《民法通则》和《合同法》对民事合同的公平性原则都有相关规定。但是实践当中，不少用人单位利用招聘中的优势地位，只约定毕业生违反或解除三方就业协议的违约责任，不约定用人单位的违约责任，这显然是不公平的。二是违约金与损失相当的原则。《合同法》第一百一十三条规定："当事人一方不履行合同义务或者履行合同义务不符合约定，给对方造成损失的，损失赔偿额应当相当于因违约所造成的损失，包括合同履行后可以获得的利益，但不得超过违反合同一方订立合同时预见到或者应当预见到的因违反合同可能造成的损失。"该法第一百一十四条进一步规定："约定的违约金低于造成的损失的，当事人可以请求人民法院或者仲裁机构予以增加；约定的违约金过分高于造成的损失的，当事人可以请求人民法院或者仲裁机构予以适当减少。"根据上述规定，违约金的标准要根据一方违约给对方造成的损失来确定，如果偏高或偏低，引发争议后都可以作出调整。

另外，因三方就业协议引发的争议不属于劳动人事争议，用人单位与毕业生应当通过民事诉讼的途径解决。

本案中，三方就业协议中约定小薛的违约责任而不约定电器公司的违约责任，这是有失公平的。另外，小薛违反三方就业协议约定虽然应当承担违约责任，但是由于协议约定的违约金偏高，公司诉诸法院后，也很难全部得到支持。

任务二 就业后的权益保障

学习目标

1. 掌握劳动合同的概念，了解劳动合同签订的必要性，以及学会区别劳动合同与就业协议。

2. 学习如何签订劳动合同，以及在合同签订过程中需要注意哪些事项。

案例导入

小龚工作后遭到了公司的无故解聘，这时才发现，自己跟公司签订的劳动合同过于简单，内容里根本没有对用人单位解除合同和违约等行为的追究条款。因此在签订劳动合同时，大家一定要看清楚合同条款。由于社会阅历浅，又不了解相关的法律知识，高职生往往成为劳动合同陷阱的常客。与其出现后果再补救，防患于未然是更明智的选择。高职生在找工作之前一定要了解一些必要的法律知识，特别是劳动法的相关内容，为顺利就业，更好地保障自己的权益做好准备。

一、劳动合同概述

（一）劳动合同的概念

劳动合同，也称劳动契约、劳动协议，是指劳动者同企业、事业、机关等用人单位为明确劳动关系，明确双方责任、权利和义务而签订的协议。劳动合同是处理劳动者与用人单位双方争议的重要依据，也是稳定劳动关系、强化用人单位劳动管理的重要保证。

（二）签订劳动合同的必要性

1. 明确双方的权利和义务

劳动合同的签订，在法律上确立劳动者与用人单位之间的劳动关系。劳动者依据劳动合同在用人单位内担任一定的职务或工种的工作，遵守劳动法律法规和用人单位的规章制度，完成劳动合同约定的生产（工作）任务；用人单位则依据劳动合同的约定，为劳动者提供符合国家规定的劳动条件和劳动保护，督促劳动者履行劳动义务，按照劳动者的劳动数量和质量支付劳动报酬。

2. 解决劳动纠纷的重要证据

在发生劳动争议时劳动合同是解决纠纷的重要证据。

3. 充分发挥用人单位和个人选择的自主性

签订劳动合同有利于用人单位自主用人，也有利于劳动者自主择业。通过劳动合同期限的约束，用人单位可以按照生产、工作的实际需要合理配置劳动力；劳动者可以根据自己的专长和志趣选择职业和岗位。

（三）劳动合同与就业协议的区别

就业协议是普通高等学校毕业生和用人单位在正式确立劳动人事关系前，经双向选择，在规定期限内确立就业关系、明确双方权利和义务而达成的书面协议，是用人单位确认毕业生相关信息真实、可靠以及接收毕业生的重要凭据，也是高校进行毕业生就业管理、编制就业方案以及毕业生办理就业落户手续等有关事项的重要依据。

该协议在毕业生到单位报到、用人单位正式接收后自行终止。签订就业协议的主要意义在于将毕业生与用人单位双方互相选择的关系确定下来，一般没有详细规定双方具体的权利与义务。

毕业生与用人单位签订的就业协议不能等同于劳动合同。毕业生与用人单位在签订就业协议之后，还必须签订劳动合同，以保护自己的合法权益。目前的实际情况是，通常毕业生到单位工作后，双方才签劳动合同。

就业协议与劳动合同都是用人单位录用毕业生过程中所订立的书面协议，两者分处不同阶段，且相互联系，具体区别如下。

1. 阶段不同

一般来说，就业协议签订在前，劳动合同订立在后。如果毕业生与用人单位就工资待遇、住房等有事先约定，也可在就业协议备注条款中予以注明，日后订立劳动合同对此内容应予认可。

2. 内容不同

毕业生就业协议的内容主要是毕业生如实介绍自身情况，并表示愿意到用人单位就业、用人单位表示愿意接收毕业生，学校同意推荐毕业生并列入就业计划进行派遣。劳动合同的内容涉及劳动报酬、劳动保护、工作内容、劳动纪律等方方面面，更为具体，劳动权利和义务更为明确。

3. 性质不同

毕业生就业协议是毕业生在校时，由学校参与见证、与用人单位协商签订的，是编制毕业生就业计划方案和毕业生派遣的依据。劳动合同是毕业生与用人单位明确劳动关系中权利和义务关系的协议，学校不是劳动合同的主体，也不是劳动合同的见证方，劳动合同是上岗毕业生从事何种岗位、享受何种待遇等权利和义务的依据。

二、如何签订劳动合同

（一）签订劳动合同的原则

签订劳动合同的原则是指在劳动合同订立过程中双方当事人应当遵循的法律准则。

1. 平等自愿的原则

平等是指订立劳动合同的双方当事人具有相同的法律地位。在订立劳动合同时，双方当事人是以劳动关系平等主体资格出现的，有着平等的利益要求和权利，不存在命令与服从的关系。

自愿是指劳动合同的订立完全是出于双方当事人的真实意愿，是在充分表达各自意见的基础上，经过平等协商而达成的协议。当事人一方不得强制或者欺骗对方，也不能采取其他诱导方式使对方违背自己的真实意愿而接受对方的条件。劳动合同的期限、内容的确定，必须完全与双方当事人的真实意思相符合。

2. 协商一致原则

协商一致是指劳动合同的内容，必须由当事人双方在法律、法规允许的范围内共同协商讨论，取得完全一致后方能确定。协商一致的原则是维护双方当事人合法权益的基础。

3. 合法原则

合法即劳动合同的签订不得违反法律、行政法规的规定。这条原则是劳动合同有效并受国家法律保护的前提条件，它的基本内涵有以下三点：

（1）订立劳动合同的主体必须合法。所谓主体合法，是指双方当事人必须具备订立劳动合同的主体资格。用人单位应当依法成立，必须有被批准的经营范围和履行能力，能够依法支付工资，缴纳社会保险金，提供劳动保护条件，并能够承担相应的民事责任。

（2）劳动合同的内容必须合法。所谓内容合法，是指双方当事人在劳动合同中订立的具体劳动权利与义务条款必须符合法律、法规和政策的规定，不得从事非法工作。劳动合同涉及国家的用工、工资分配、社会保险、职业培训、工作时间和休息时间以及劳动安全卫生等多方面内容，用人单位在约定这些内容时，必须以法律和行政法规为依据。

（3）订立劳动合同的程序与形式必须合法。一般要经过要约和承诺两个步骤，具体方式是先起草劳动合同书草案，然后由双方当事人平等协商，协商一致后签约。劳动合同应以书面形式订立。

（二）劳动合同的基本内容

劳动合同的内容是指双方当事人在劳动合同中必须明确的各自的权利、义务及其他问题。劳动法对劳动合同规定了九项法定内容。

1. 用人单位

用人单位的名称、地址和法定代表人或者主要负责人。

2. 劳动者

劳动者的姓名、住址和居民身份证或者其他有效身份证件号码。

3. 劳动合同期限

劳动合同期限分为有固定期限、无固定期限和以完成一定的工作为期限三种情况。毕业生在签订劳动合同时，应该根据自身的业务能力、特长、兴趣和今后发展等方面，权衡确定劳动合同期限。一般来说，刚毕业的学生选择固定期限比较合适，如此可在期限结束后，另行选择单位或岗位，有一定的自由度。

4. 工作内容和工作地点

工作内容包括劳动者从事劳动的工种、岗位以及在生产或工作上应当达到的数量和质量或应当完成的任务。工作内容可以规定劳动者从事某一项或者几项具体的工作，也可以是某一类或者几类工作。其中，工作职责或要求是否明确、具体，是否有可能遇到难以完成工作任务的陷阱等，则需要尤为注意。

5. 工作时间和休息休假

国家实行劳动者每日工作时间不超过 8 小时、平均每周工作时间不超过 44 小时的工时制度。用人单位应当保证劳动者每周至少休息 1 天，同时用人单位应在国家法定假日期间依法安排劳动者休假。

6. 劳动报酬

一方面，劳动报酬是劳动者劳动的成果返还和劳动者履行劳动义务后必须享受的劳动权利；另一方面，则是用人单位依据法律、法规以及劳动合同的约定支付给劳动者的工资、津贴等。

7. 社会保险

社会保险在我国主要包括养老保险、医疗保险、失业保险、工伤保险、生育保险和住房公积金。其中，养老保险、医疗保险和失业保险由企业和个人共同缴纳，工伤保险和生育保险完全由企业承担，个人不需要缴纳。

8. 劳动保护、劳动条件和职业危害防护

在新通过的《中华人民共和国劳动合同法》中，职业危害防护列为劳动合同的必备条款。强调职业危害防护条款，要求用人单位必须将工作过程中可能产生的职业病危害、防护措施等在劳动合同中写明，不得隐瞒或欺骗。这更倾向于保护劳动者的合法利益。

9. 法律、法规规定应当纳入劳动合同的其他事项

根据《中华人民共和国劳动合同法》的相关规定，用人单位与劳动者签订劳动合同时，订立上述八项必备条款外，可以协商约定其他内容。

三、签订劳动合同时的注意事项

在签订劳动合同时，要特别注意以下 4 点：

1. 尽快与用人单位签订正式的劳动合同

为了保障个人的利益，求职者在正式进入用人单位工作时，一定要与用人单位签订正式的劳动合同，以便明确双方的权利和义务关系。

签协议一定要慎重，必须把双方的约定以文字形式写下来盖章签字方生效，“君子协议”“口头协议”都是空头支票，没有任何法律效力，一旦发生纠纷，毕业生的利益无法得到保障。因此，毕业生必须学会保护自己。一般来说，毕业生最好是亲自前往单位签约盖章，如果协议书以邮寄形式签署，应该要求单位先出具书面接收函，以确保万无一失。

2. 没有签订劳动合同仍然受劳动法的保护

有些企业认为只要不与劳动者签订劳动合同，就可以不受劳动法律的约束，在辞退劳动者时较为便利，并且不必支付经济补偿。实际上这种观点是错误的。即使用人单位不与劳动者签订劳动合同，劳动者依然受劳动法律的保护。

《中华人民共和国劳动合同法》第八十二条规定：“用人单位自用工之日起超过一个月不满一年未与劳动者订立书面劳动合同的，应当向劳动者每月支付二倍的工资。”

3. 注意细节保护自己

为使用人单位无隙可乘，当劳动合同涉及数字时，一定要用汉字书写，注意合同生效的必要条件和附加条件；合同至少一式两份，双方各执一份，妥善保管；毕业生在签订时要认真阅读内容，一份正式的合同应该条款齐全；对文本仔细推敲，发现条款表述不清、概念模糊的，及时要求用人单位进行说明或修订。

4. 慎签英文合同

《中华人民共和国劳动合同法》规定，劳动合同应以书面形式订立。《中华人民共和国劳动合同法》和《外商投资企业劳动管理规定》中对外资企业与中方雇员签订的书面合同应该采用何种文字虽然都没有明文规定，但由于我国宪法赋予公民有使用本民族语言文字的自由，因此，要求签订中文文本合同完全是正当合理的。所以，高职生如果到外企工作，可以要求签订中文合同。

延伸阅读

关于劳动合同的四个常见问题

关于劳动合同，毕业生往往会遇到许多问题，我们重点关注其中常见的四个：

问题一：单位在我工作一段时间后，根据我的表现决定是否签订劳动合同，可以吗?

答案是不可以！按照规定，用人单位从用工之日起就应该签订书面的劳动合同，最晚也应该在用工之日起 1 个月内签合同。就算有试用期，也要签合同。

问题二：试用期工资应该怎么计算?

试用期间工资不能低于本单位相同岗位最低档工资的 80%，不能低于劳动合同约定工资的 80%。同时，也不能低于用人单位所在地的最低工资标准。

问题三：有劳动关系，但没有及时签订劳动合同是不是只能自认倒霉？

答案是否定的。遇到这种情况，按照有关规定，如果工作不满 1 年，单位应支付双倍工资并补签合同。如果劳动者不愿意续签合同，单位还要支付经济补偿。

问题四：试用期是劳动的必备条款吗？

答案同样是否定的。是否约定试用期由合同双方当事人根据情况协商，也可以不约定。没有约定试用期的劳动合同不影响其成立与生效。

慎签七类合同

在合同签订过程当中，有些用人单位为降低用人成本而侵犯毕业生合法权益，初入职场的毕业生要慎签七类合同：

一要慎签口头合同。口头合同也叫口头协议，是指双方当事人以谈话，电话等口头形式对合同内容达成一致，无任何书面或其他有形载体来表现合同内容。一旦发生纠纷，举证困难，维权也很不容易。

二要慎签简单合同。这类合同没有细节条文约束，看似没有什么问题，一旦在遭遇解除劳动合同等问题时，合法的权益往往得不到充分的保障。

三要慎签要求缴纳证件或者财务的抵押合同。劳动合同法明确规定，用人单位招用劳动者不得扣押劳动者的居民身份证和其他证件，不得要求劳动者提供担保，或者以其他名义向劳动者收取财物。

四要慎签阴阳合同。有的单位为了应付检查，以可以少缴税款为理由，同时准备了一份低薪的假合同，和另一份高薪的真合同。而当发生劳动纠纷时，牵涉到经济补偿或者赔偿金的数额，很有可能按照低薪假合同来计算。而且我们还应注意到，看似少交的个税，其实毕业生五险一金的缴费基数也跟着变低，导致实际权益受损，对此，毕业生务必谨慎行事。

五要慎签含有工伤概不负责的生死合同。防止用人单位在发生安全生产事故后，逃避应该承担的赔偿责任，特别是在建筑、化工、采矿等高危行业，求职毕业生一定不可以抱有侥幸的心理，不认真阅读合同条款。当然，即使签订了此类合同，只要是工作原因造成的工伤，劳动者仍然可以申请工伤认定。

六要慎签暗箱合同。这类合同往往不向求职者讲明合同的内容，更多的只规定用人单位的权利和劳动者的义务，很少或者不规定用人单位的义务和劳动者的权利，是一种故意隐瞒劳动合同内容的做法，签订时要仔细查看。

七要慎签霸王合同。这个合同往往只从单位角度出发，迫使毕业生在违背真实意志的情况下签订合同，求职者处于很被动的地位。如要求入职非涉密岗位的求职者，几年内不可跳槽至同行业公司工作；女职工在合同期内不得结婚生子；劳动者试用期离职不结算工资；劳动者要无条件服从加班安排；等等。这些内容无法无据，我们也要慎重对待。

任务三 劳动合同的解除与终止

学习目标

1. 了解在什么情况下有必要进行合同的解除与终止。
2. 掌握终止合同与解除合同的区别。
3. 学习如何进行劳动争议中的权益保障。

案例导入

刚刚毕业的秦寒，经过一番“海投”终于找到了工作，并和公司商议试用期3个月。秦寒心想：“疫情期间工作不好找，公司说试用期没工资，熬一熬就过去了，还是答应吧。”但让他无法接受的是，试用期结束公司却拒绝给他转正，也不支付任何工资。秦寒十分气愤却也不愿再与公司耗下去，选择了离职。

其实，根据《劳动合同法》第三十九条的规定：在试用期间被证明不符合录用条件的，用人单位可以解除劳动合同。但“不符合录用条件”对用人单位的举证责任有较高要求，如果用人单位没有充分举证，就不能解除劳动合同。而且，在试用期工作单位不仅要支付试用期工资，法律也有工资最低支付标准，所以在试用期遇到用人单位不支付工资的情况时，是可以随时提起仲裁的。

劳动合同的解除与终止，看似简单的事情其实并非想象中那样容易。合同的解除与终止牵涉法律关系的变化，牵涉企业的商业秘密及知识产权保护，牵涉经济的赔偿与补偿等许多问题。下面介绍劳动合同解除与终止的相关问题。

一、劳动合同的解除

（一）劳动合同的合意解除

合意解除，指经劳动合同当事人协商一致，劳动合同可以解除。

（二）劳动者解除合同

劳动者解除劳动合同，一般应当提前三十日以书面形式通知用人单位。根据有关法律规定，除非有服务期约定或者竞业限制约定的，在下列情况下，劳动者可以随时通知用人单位解除劳动合同。

（1）未按照劳动合同约定提供劳动保护或者劳动条件的。

（2）未及时足额支付劳动报酬的。

（3）未依法为劳动者缴纳社会保险费的。

（4）用人单位的规章制度违反法律、法规的规定，损害劳动者权益的。

（5）因以欺诈、胁迫的手段或者乘人之危，使对方在违背真实意思的情况下订立或者变更劳动合同的、用人单位免除自己的法定责任排除劳动者权利的、违反法律或行政法规强制性规定等情形致使劳动合同无效的。

（6）法律、行政法规规定劳动者可以解除劳动合同的其他情形。

此外，用人单位以暴力、威胁或者非法限制人身自由的手段强迫劳动者劳动的，或者用人单位违章指挥、强令冒险作业危及劳动者人身安全的，劳动者可以立即解除劳动合同，不需事先告知用人单位。

（三）用人单位解除劳动合同

1. 一般情况

有下列情形之一的，用人单位提前三十日以书面形式通知劳动者本人或者额外支付劳动者一个月工资后，可以解除劳动合同。

（1）劳动者患病或者非因工负伤，在规定的医疗期满后不能从事原工作，也不能从事由用人单位另行安排的工作的。

（2）劳动者不能胜任工作，经过培训或者调整工作岗位，仍不能胜任工作的。

（3）劳动合同订立时所依据的客观情况发生重大变化，致使劳动合同无法履行，经用人单位与劳动者协商，未能就变更劳动合同内容达成协议的。

2. 特殊情况

劳动者有下列情形之一的，用人单位可以随时解除劳动合同。

（1）在试用期间被证明不符合录用条件的。

（2）严重违反劳动纪律或者用人单位规章制度的。

（3）严重失职，营私舞弊，对用人单位利益造成重大损害的。

（4）劳动者同时与其他用人单位建立劳动关系，对完成本单位的工作任务造成严重影响，或者经用人单位提出拒不改正的。

（5）以欺诈、胁迫的手段或者乘人之危，使对方在违背真实意思的情况下订立或者变更劳动合同的。

（6）被依法追究刑事责任的。

3. 例外情况

劳动者有下列情形之一的，用人单位不得解除劳动合同。

（1）从事接触职业病危害作业的劳动者未进行离岗前职业健康检查，或者疑似职业病，病人在诊断或者医学观察期间的。

（2）在本单位患职业病或者因工负伤并被确认丧失或者部分丧失劳动能力的。

（3）患病或者非因工负伤，在规定的医疗期内的。

（4）女职工在孕期、产期、哺乳期的。

（5）在本单位连续工作满十五年，且距法定退休年龄不足五年的。

（6）法律、行政法规规定的其他情形。

二、劳动合同的终止

劳动合同的终止情形有以下六种情况。

1. 劳动合同期满的。

2. 劳动者开始依法享受基本养老保险待遇的。

3. 劳动者死亡，或者被人民法院宣告死亡或者宣告失踪的。

4. 用人单位被依法宣告破产的。

5. 用人单位被吊销营业执照、责令关闭、撤销或者用人单位决定提前解散的。

6. 法律、行政法规规定的其他情形。

三、终止合同与解除合同的区别

1. 性质不同

终止合同与解除合同有着根本的区别。终止合同是指合同双方按照合同规定的条款履行了全部义务，即平时所说的合同已到期。解除合同则是指在劳动合同履行完毕之前，因某种原因，提前终止劳动合同的法律效力。

2. 条件不同

终止合同的条件均为法定条件，而解除合同除了法定条件外，劳动合同的当事人还可以约定解除。

3. 法律后果不同

劳动合同终止时，劳动单位只有在被依法宣告破产的、被吊销营业执照、责令关闭、撤销或者用人单位决定提前解散的情况下，或者劳动合同期满（不降低原来劳动条件但劳动者不同意续签的除外）需要支付经济补偿金，但是由用人单位提出解除劳动合同时，必须依法向劳动者支付经济补偿金。

此种情况下，用人单位应根据劳动者在本单位工作年限，每满一年支付一个月工资的标准向劳动者支付。六个月以上不满一年的，按一年计算；不满六个月的，向劳动者支付半个月工资的经济补偿。

劳动者月工资高于用人单位所在直辖市、设区的市级人民政府公布的本地区上年度职工月平均工资三倍的，向其支付经济补偿的标准按职工月平均工资三倍的数额支付，向其支付经济补偿的年限最高不超过十二年。

劳动合同解除后，用人单位未按规定给予劳动者经济补偿的，除发给经济补偿外，还须按经济补偿金数额的双倍支付额外经济补偿金。

劳动者个人因与用人单位解除劳动关系而取得的经济补偿金，原则上是免征个人所得税的。但为了防止有些企业或个人钻法律空子，搞一些变相偷税漏税的勾当，国家又规定，超过当地上年职工年平均工资三倍数额以上的部分，仍然需要上税。

此外，劳动者提出解除劳动合同如给用人单位造成经济损失时，劳动者还应承担赔偿责任。

四、劳动争议中的权益保障

当前，劳动争议案件日益增多，如何正确解决这类纠纷，以维护劳资双方的合法权益，是毕业生必须了解的内容，只有这样才能正确对待和处理劳动争议中的权益保障。

（一）劳动争议的范围

《中华人民共和国劳动法》规定的劳动争议，指中国境内的企业与职工之间的下列劳动争议，一是因企业开除、除名、辞退职工和职工辞职、自动离职发生的争议，二是因执行国家有关工资、保险、福利、培训、劳动保护的规定发生的争议，三是因履行劳动合同发生的争议，四是法律、法规规定应当依照“企业劳动争议处理条例”处理的其他劳动争议。

（二）劳动争议的处理方法

劳动争议发生后，当事人可向本单位劳动争议调解委员会申请调解；调解不成，当事人一方要求仲裁的，可向当地劳动争议仲裁委员会申请仲裁。当事人一方也可在60日内直接向劳动争议仲裁委员会申请仲裁。对仲裁裁决不服的，可以向人民法院提起诉讼。

如果超过了法定期限60日，当事人仍可向仲裁委员会申请仲裁，待仲裁委员会做出“驳回”的裁决后，再凭这一“驳回”裁决向人民法院提起诉讼。

（三）劳动争议的举证责任

1. 解除劳动合同的举证责任

因用人单位做出的开除、除名、辞退、解除劳动合同等决定而发生的劳动争议，用人单位负举证责任，举证不能或不充分的，人民法院或劳动争议仲裁机构可予撤销用人单位的决定，用人单位应赔偿劳动者损失。

2. 其他争议的举证责任

根据我国民法规定：谁主张，谁举证。如果劳动者与劳动单位发生劳动争议，应就自己的主张自行提交相应的证据。